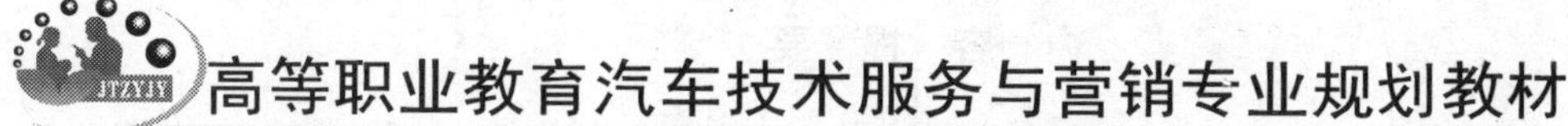

汽车备件管理

交通职业教育教学指导委员会
汽车运用与维修专业指导委员会　组织编写
彭朝晖　倪　红　主编
夏志华　主审

内 容 提 要

本书是高等职业教育规划教材，是在各高等职业院校积极践行和创新先进职业教育思想和理念，深入推进“校企合作、工学结合”模式的大背景下，由交通职业教育教学指导委员会汽车运用与维修专业指导委员会组织编写而成。

本教材以汽车备件管理工作过程为主线，内容主要包括汽车备件查询、汽车备件订货采购、汽车备件出入库管理、汽车备件库存管理、汽车备件仓储设计等，共5个学习任务。

本书主要供高等职业院校汽车技术服务与营销专业教学使用，也可作为汽车维修企业或汽车备件经营企业管理人员的岗位培训教材或自学用书。

图书在版编目(CIP)数据

汽车备件管理／彭朝晖，倪红主编．—北京：人民交通出版社，2010.3

ISBN 978-7-114-08196-5

Ⅰ.汽… Ⅱ.①彭… ②倪… Ⅲ.汽车－零部件－设备管理－高等学校：技术学校－教材 Ⅳ.U463

中国版本图书馆CIP数据核字(2010)第006617号

Qiche Beijian Guanli

书　　名：汽车备件管理
著 作 者：彭朝晖　倪　红
责任编辑：翁志新
出版发行：人民交通出版社
地　　址：(100011)北京市朝阳区安定门外外馆斜街3号
网　　址：http://www.ccpress.com.cn
销售电话：(010)59757973
总 经 销：人民交通出版社发行部
经　　销：各地新华书店
印　　刷：北京盈盛恒通印刷有限公司
开　　本：787×1092　1/16
印　　张：11.5
字　　数：258千
版　　次：2010年3月　第1版
印　　次：2018年7月　第7次印刷
书　　号：ISBN 978-7-114-08196-5
定　　价：22.00元

前　言

为贯彻《国务院关于大力发展职业教育的决定》以及教育部制订的《国家教育事业发展“十一五”规划纲要》精神，深化职业教育教学改革，积极推进课程改革和教材建设，满足职业教育发展的新需求，交通职业教育教学指导委员会汽车运用与维修专业指导委员会组织全国交通职业技术院校的骨干教师及相关企业的专业人员，编写了本套高等职业教育规划教材，供高等职业院校汽车技术服务与营销专业教学使用。

本系列教材在组织编写过程中，认真总结了全国交通职业院校多年来的专业教学经验，注意吸收发达国家先进的职教理念和方法，形成了以下特色：

1. 推行工学结合的人才培养模式。汽车技术服务与营销专业建设，从市场调研、职业分析，到专业教学标准、课程标准开发，再到课程方案制订、教材编写的全过程，都是交通职业院校的教师与相关企业的专业人员一起合作完成的，真正实现了学校和企业的紧密结合。本专业的课程也体现了工学结合的本质特征——“学习的内容是工作，通过工作实现学习”。本专业的核心课程有：《汽车结构与拆装》、《汽车使用与维修》、《汽车维修服务》、《汽车备件管理》、《汽车营销》、《汽车保险与公估》、《旧机动车鉴定与评估》。

2. 体现任务驱动的课程教学理念。以职业岗位的典型工作任务为驱动，确定理论与实践一体化的学习任务，按照工作过程组织学习过程。每个学习任务既有知识学习，又有技能操作，是工作要求、工作对象、工具、方法与劳动组织方式的有机整体。

3. 倡导行动导向的引导式教学方法。本系列教材注重对学习目标和引导问题的设计，以学生为主体，强化学生的地位，给学生留下充分思考、实践与合作交流的时间和空间，让学生亲身经历从观察→操作→交流→反思的活动过程。

4. 提供紧密结合职业岗位的技术内容。教材内容力求符合最新的国家及行业相关技术岗位标准以及技能鉴定的要求，为学生考取双证提供帮助。

5. 采用全新的结构编排模式。本系列教材打破了传统教材的章节体例，以典型学习任务为一个相对完整的学习过程，每个学习任务的内容相互独立但又有内在的联系。在每个学习任务开篇处，都以解决实际问题、完成岗位任务为导引，设定“学习目标”、“任务描述”和“学习引导”三个栏目，围绕工作任务聚焦知识和技能；正文则由若干个单元组成，包含“单元要点”、“相关知识”、“单元能力检测”等内容；任务的最后是“评价反馈”，包括自我评价、小组评价、教师评价，可帮助学生获得初步的总结、反思，是学习的延伸与拓展。

《汽车备件管理》是本系列教材中的一本。与传统同类教材相比，本教材由校企双方合作共同开发，按照工作过程组织学习过程，注重培养学生严谨的工作态度，同时帮助学生树立节能、安全、环保和质量意识。本书图文并茂，既有大量的现场实景照片，又有许多实例，同时还有一些“小贴士”，便于提高学员的学习兴趣及领悟所学内容。

参加本书编写工作的老师有：广西交通职业技术学院的彭朝晖（编写学习任务 1 和学习任务 3 的部分内容）、汤富强（编写学习任务 2 和学习任务 5 的部分内容）、李程武（编写学习任务 5 的部分内容）、宋纬（编写学习任务 4 的部分内容）、吴丹（编写学习任务 4 的部分内容）、莫舒玥（编写学习任务 3 的部分内容），福建交通职业技术学院的倪红（编写学习任务 1 和学习任务 2 的部分内容）。全书由彭朝晖和倪红共同担任主编，吉林交通职业技术学院的夏志华担任主审。

本书在编写过程中，得到企业和企业有关人员的大力帮助和热心指导。参与本书编写的企业人员有：黄英兰（广西弘嘉汽车销售服务有限公司配件主管）、罗建军（广西弘通汽车销售服务有限公司配件主管）、陈伟（南宁冠星汽车销售服务有限公司配件经理）、赖红霞（广西通惠汽车销售服务有限公司配件经理）、蒋艳秋（南宁新谊进口汽车维修中心有限公司配件经理）、朱江（广西华昌汽车销售服务有限公司配件经理）、郑亚义（福建东南汽车贸易有限公司配件部经理）、李立洪（北京现代福州中诺汽车有限公司副总经理）、何水清（北京现代福州中诺汽车有限公司配件经理）、邱成雄（福州中升丰田汽车销售有限公司服务部副经理）、韩振华（福州中升丰田汽车销售有限公司配件部计划员）等。另外，本书还将丰田备件管理软件系统作为示例进行了介绍，在此一并表示衷心感谢。

限于编者经历和水平，教材内容难以覆盖全国各地的实际情况，希望各教学单位在积极选用和推广本系列教材的同时，注重总结经验，及时提出修改意见和建议，以便再版修订时补充完善。

交通职业教育教学指导委员会

汽车运用与维修专业指导委员会

2009 年 6 月

目　录

学习任务1　汽车备件查询

学习目标

通过本任务的学习，了解关于汽车备件的基本知识，懂得应用备件手册或电子备件目录（CD 光盘）正确查询或检索零部件的编码、名称、库存数量、立体插图及装配位置、价格、仓位等信息。要求学生具备以下能力：

1. 知道汽车备件的含义、分类、标志及业务流程等基础知识；
2. 熟悉备件编码的基础知识，知道 VIN 码的含义、作用；
3. 能正确合理选用各种备件检索工具查询备件编码、价格、库存数量等信息，尤其应能熟练运用备件电子目录查询软件为顾客精确、快速、安全地查找出所需的备件。

任务描述

某品牌车进厂维修，根据维修工单，正确查找所需备件的相关信息：

1. 找出该品牌车辆的标牌、发动机、底盘号的位置，取得车型、VIN 码等信息；
2. 根据汽车维修的需要列出所需备件；
3. 合理选用备件查询的途径，利用电子备件目录或工具书查找出备件的编码、库存数量、立体形状及装配位置、价格、仓位等信息。

学习引导

本学习任务沿着以下路径进行：

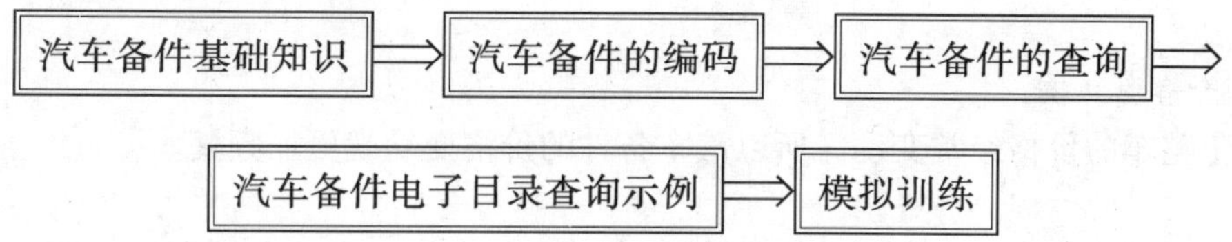

单元一　汽车备件基础知识

单元要点

1. 汽车备件的含义及特点；
2. 汽车备件的分类；
3. 汽车备件的包装标志；
4. 汽车备件的业务流程。

相关知识

一、汽车备件的含义及特点

在汽车服务企业中，把新车出厂后使用过程中所需的汽车的零部件和耗材统称为汽车备件。它包括新车出厂以后的汽车维修过程中用来更换的新备件或修复件、汽车上需要更换或添加的各种油和液，以及用于提高汽车使用的安全性、舒适性和美观性的产品。

作为商品，汽车备件既具有普通商品的一般属性，也有其自身的特点：

1. 品种繁多

只要是有一定规模的汽配商或汽修厂，其经营活动涉及的备件都很多，一般都上万种，甚至几十万种。

2. 代用性复杂

很多备件可以在一定范围内代用，不同备件的代用性是不一样的。例如，轮胎、灯泡的代用性就很强，但是集成电路芯片、传感器等备件的代用性就不强。掌握汽车备件的代用性，也是管理好汽车备件的重要条件。

3. 识别体系复杂

一般汽车备件都有原厂图号（或称原厂编号），而且通常经营者还会为其备件进行自编号。

4. 价格变动快

由于整车的价格经常变动，所以汽车备件的价格变动就更加频繁。

二、汽车备件的分类

（一）按标准化分类

汽车备件包括发动机零部件、底盘零部件、车身及饰品零部件、电器电子产品和通用件。零部件分为总成、分总成、子总成、单元体和零件。

1. 总成

由数个零件、数个分总成或它们之间的任意组合而构成一定装配级别或某一功能形式的组合体，具有装配分解特性的部分就是总成。

2. 分总成

由两个或多个零件与子总成一起采用装配工序组合而成，对总成有隶属装配级别关系的部分就是分总成。

3. 子总成

由两个或多个零件经装配工序或组合构成，对分总成有隶属装配级别关系的部分就是子总成。

4. 单元体

由零部件之间的任意组合构成的具有某一功能特征的功能组合体，通常能在不同环境独立工作的部分就是单元体。

5. 零件

不采用装配工序制成的单一成品、单个制件，或由两个以上连在一起具有规定功能、通常不能再分解的（如含油轴承、电容器等外购小总成）制件就是零件。

（二）按实用性分类

根据我国汽车备件市场供应的实用性原则，汽车备件分为易耗件、标准件、车身覆盖件与保安件4类。

1. 易耗件

在对汽车进行二级维护、总成大修和整车大修时，易损坏且消耗量大的零部件称为易耗件。

（1）发动机易耗件。

①曲柄连杆机构：汽缸体、汽缸套、汽缸盖、汽缸体附件、汽缸盖附件、活塞、活塞环、活塞销、连杆、连杆轴承、连杆螺栓及螺母、曲轴轴承、飞轮总成和发动机悬架组件等。

②配气机构：气门、气门导管、气门弹簧、挺杆、推杆、摇臂、摇臂轴、凸轮轴轴承、正时齿轮和正时齿轮皮带等。

③燃油供给系统：化油器总成及附件、汽油泵膜片、汽油软管、电动汽油泵、压力调节器、空气流量传感器、喷油器、三元催化装置、输油泵总成、喷油泵柱塞偶件、出油阀偶件和喷油器等。

④冷却系：散热器、节温器、水泵和风扇等。

⑤润滑系：机油滤清器滤芯和机油软管等。

⑥点火系：点火线圈、分电器总成及附件、蓄电池、火花塞和电热塞等。

（2）底盘易耗件。

①传动系：离合器摩擦片、从动盘总成、分离杠杆、分离叉、踏板拉杆、分离轴承、复位弹簧、变速器的各挡变速齿轮、凸缘叉、滑动叉、万向节叉及花键轴、传动轴及轴承、从动锥齿轮、行星齿轮、十字轴及差速器壳、半轴和半轴套管等。

②行驶系：主销、主销衬套、主销轴承、调整垫片、轮辋、轮毂、轮胎、内胎、钢

板弹簧片、独立悬架的螺旋弹簧、钢板弹簧销和衬套、钢板弹簧垫板、U 形螺栓和减振器等。

③转向系：转向蜗杆、转向摇臂轴、转向螺母及钢球、钢球导流管、转向器总成、转向盘、纵拉杆与横拉杆等。

④制动系：制动器及制动蹄、盘式制动器摩擦块、液压制动主缸、液压制动轮缸、气压制动控制阀、制动气室、储气筒、止回阀、安全阀、制动软管、空气压缩机限压阀和制动操纵机构等。

（3）电器设备及仪表的易耗件。高压线、低压线、车灯总成、安全报警及低压电路熔断器和熔断丝盒、点火开关、车灯开关、转向灯开关、变光开关、脚踏板制动开关、车速表、电流表、燃油存量表、冷却水温表、空气压力表和机油压力表。

（4）密封件。各种油封、水封、密封圈和密封条等。

2. 标准件

按国家标准设计与制造的，并具有通用互换性的零部件称为标准件。汽车上属于标准件的有汽缸盖紧固螺栓及螺母、连杆螺栓及螺母、发动机悬架装置中的螺栓及螺母、主销锁销及螺母、轮胎螺栓及螺母等。

3. 车身覆盖件

为使乘员及部分重要总成不受外界环境的干扰而设计的，且具有一定空气动力学特性的构成汽车表面的板件，称为车身覆盖件，如发动机罩、翼子板、散热器罩、车顶板、门板、行李舱盖等。

4. 保安件

汽车上不易损坏的零部件称为保安件，如曲轴起动爪、正时齿轮、扭转减振器、凸轮轴、汽油箱、汽油滤清器总成、调速器、机油滤清器总成、离合器压盘及盖总成、变速器壳体及上盖、操纵杆、转向节、转向摇臂和转向节臂等。

（三）按用途分类

汽车备件按照用途可以分为必装件、选装件、装饰件和消耗件 4 类。

1. 必装件

汽车正常行驶所必需的备件称为必装件，如转向盘、发动机等。

2. 选装件

非汽车正常行驶必需的备件称为选装件，此类备件可以由车主选择安装以提高汽车性能或功能，如 CD 音响、氙气大灯等。

3. 装饰件

装饰件又称精品件，是为了汽车的舒适和美观加配的备件，一般对汽车本身的行驶性能和功能影响不大，如香水、抱枕等。

4. 消耗件

汽车使用过程中容易发生损耗、老旧，需要经常更换的备件称为消耗件，如润滑油、前风窗玻璃清洁剂、冷却液、制动液和刮水器等。

（四）按生产来源分类

汽车备件按照生产来源可以分为原厂件、副厂件与自制件三类。

1. 原厂件

原厂件指的是与整车制造厂家配套的装备件，如纯牌零件是指通过汽车制造厂严格质量检验的零件。它们的性能和质量完全能够满足车辆要求。

2. 副厂件

副厂件指的是由专业备件厂家生产的，虽然不与整车制造厂配套安装在新车上，但是按照制造厂标准生产的，达到制造厂技术指标要求的备件。

3. 自制件

自制件指的是备件厂家依据自己对汽车备件标准的理解，自行生产的，外观和使用效果与原厂备件相似，但是其技术指标由备件制造厂自行保证，与整车制造厂无关的备件。自制件是否合格，主要取决于备件厂家的生产技术水平和质量保障措施。

需要说明的是，无论副厂件，还是自制件都必须达到指定标准水平。这里说的原厂件、副厂件和自制件，都是合格的备件。那些不符合质量标准的备件，不属于上述范畴。

另外，汽车备件还可按照材质分为金属备件、电子备件、塑料备件、橡胶备件和组合备件等；按照供销关系可以分为滞销备件、畅销备件和脱销备件等。

除了上述分类方法外，每一个国际大型整车制造厂，一般都有自己的备件分类方法，不同的汽车品牌制造商对于汽车备件的分类有所区别，但是都应该能满足定义中所提及的功能。如丰田汽车公司将汽车备件分为维修零件、汽车精品、油类和化学品三种类型，而有些品牌制造商则将汽车备件按照不同系统进行区分，如分为发动机系统备件、传动系备件、转向系备件、冷却系备件、制动系备件、悬架系统备件、进排气系统备件、车身及附件、内饰件及附件、暖风和空调系统备件、电气系统备件、随车附件、汽车精品、美容维护类备件等方面，如图 1-1 所示。

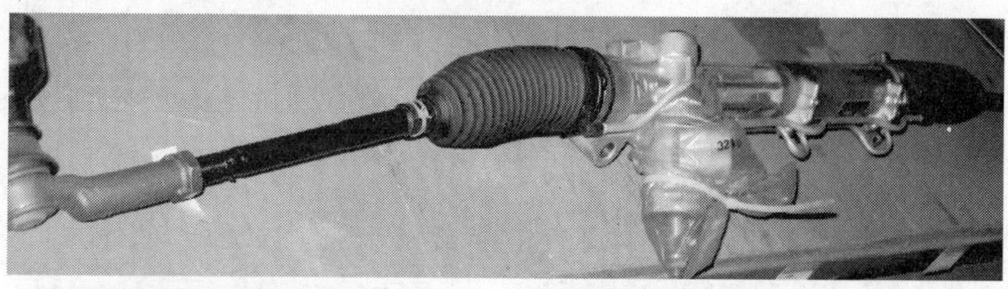

a)

b)

c)

图 1-1

d)

e)

图 1-1　备件分类

a)转向系备件；b)悬架系统备件；c)车身装饰件；d)美容维护类备件；e)专用工具类备件

进行汽车备件分类的主要目的是实现对汽车备件分类存储，提高仓库管理的效率和保证备件订货的准确性，所以不同品牌厂商都会选择合理的汽车备件分类方法进行仓库的设计管理。

小贴士：**3C 备件**

我国对涉及人类健康和安全、动植物生命和健康，以及环境保护和公共安全的产品实行强制性认证制度。认证标志的名称为“中国强制认证”，英文名称为 China Compulsory Certification，英文缩写为“CCC”，也可简称为“3C”标志。

第一批颁布需“3C”的汽车零部件商品有轮胎、汽车用玻璃、汽车用安全带及整车等。

第二批颁布需“3C”的汽车零部件商品有机动车灯具产品（前照灯、转向灯、汽车前位灯、汽车后位灯、汽车制动灯、汽车示廓灯、前雾灯、后雾灯、倒车灯、驻车灯、侧标志灯和后牌照板照明装置、摩托车牌照灯及位置灯）、机动车灯回复反射器、汽车行驶记录仪、车身反光标志、汽车制动软管、机动车后视镜、机动车喇叭、汽车油箱、门锁及门铰链、内饰材料、座椅及头枕等。

备注：(1) 背门锁不属于3C 备件。

(2) 儿童安全座椅、备件名称中带“防盗”、“报警”的均属于3C 备件。

三、汽车备件的包装标志

汽车备件的外包装包括商品分类图示标志、供货号、货号、品名规格、数量、重量、生产日期、生产工厂、体积、有效期限、收货地点和单位、发货单位、运输号码，以及发运件数等，见表1-1。这是为在物流过程中辨认货物而采用的必要标志。它对收发货、入库及装车配船等环节的进行起着极其重要的作用。

包装标志　　表1-1

序号	项目			含义
	代号	中文	英文	
1	FL	商品分类图示标志	CLASSIFICATION MARKS	表明商品类别的特定符号
2	GH	供货号	CONTRACT NO.	供应该批货物的供货清单号码（出口商品用合同号码）
3	HH	货号	ART NO.	商品顺序编号，以便出入库，收发货登记和核定商品价格
4	PG	品名规格	SPECIFICATIONS	商品名称或代号，标明单一商品的规格、型号、尺寸和花色等
5	SL	数量	QUANTITY	包装容器内含商品的数量
6	ZL	重量（毛重）（净重）	GROSS WT，NET WT	包装件的重量，包括毛重和净重
7	CQ	生产日期	DATE OF PRODUCTION	产品生产的年、月、日
8	CC	生产工厂	MANUFACTURER	生产该产品的工厂名称
9	TJ	体积	VOLUME	包装件的外径尺寸，长×宽×高=体积
10	XQ	有效期限	TERM OF VALIDITY	商品有效期至×年×月
11	SH	收货地点和单位	PLACE OF DESTINATION AND CONSIGNEE	货物到达站、港和某单位（人）收（可用贴签或涂写）
12	FH	发货单位	CONSIGNOR	发货单位（人）
13	YH	运输号码	SHIPPING NO.	运输单号码
14	JS	发运件数	SHIPPING PIECES	发运的件数

注：1. 分类标志一定要有，其他各项合理选用。

2. 外贸出口商品根据国外客户要求，以中、外文对照，印制相应的标志和附加标志。

3. 国内销售的商品包装上不填英文项目。

其中分类标志是表明汽车备件类别的特定符号。它是按照国家统计目录对汽车备件进行分类的，用几何图形和简单的文字来表明汽车备件的类别，是收、发货之间据以识别的特定符号。汽车备件常用分类图示标志如图 1-2 所示。

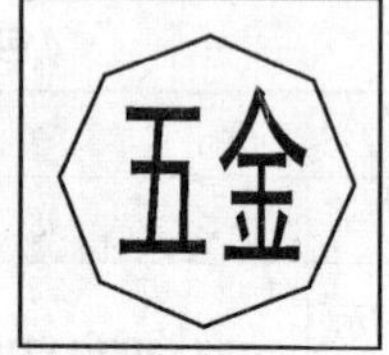

图 1-2　汽车备件常用分类标志

常用汽车备件包装材料有纸箱、木箱、EMS 信封、缠绕气泡袋等。普通备件的运输包装通常采用纸箱，部分备件（如车身等超大件或异形备件）采用裸件运输。采用裸件运输的部分备件，如车身、排气管、消音器等严禁在转货或运输过程中受到挤压。易碎、易变形、橡胶、塑料、电子、电器备件应采用必要的保护措施，常见的固定和缓冲保护材料为纸箱板或填充材料。备件如采用混合包装时，应用纸板分层，下重上轻，下层备件耐压，上层备件易碎或易变形。所有纸箱上都会标有轻放、向上、防潮等提示信息（图 1-3），便于在物流转运装卸过程中识别和指导标准化作业。

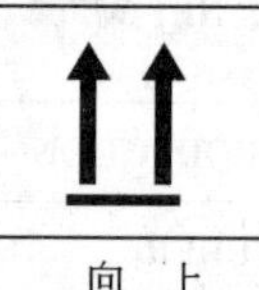

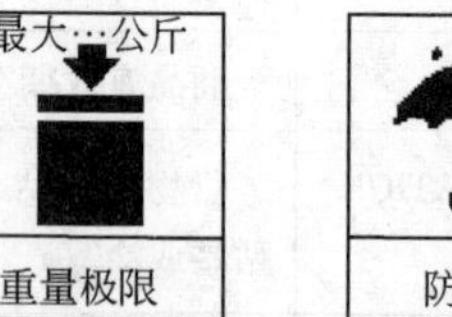

图 1-3　包装上的提示信息

四、汽车备件的业务流程

汽车服务企业对汽车备件管理主要涉及汽车备件订货采购、备件入库、备件的仓库管理、备件出库及备件销售等环节，图 1-4 为某品牌 4S 店汽车备件的具体业务流程。

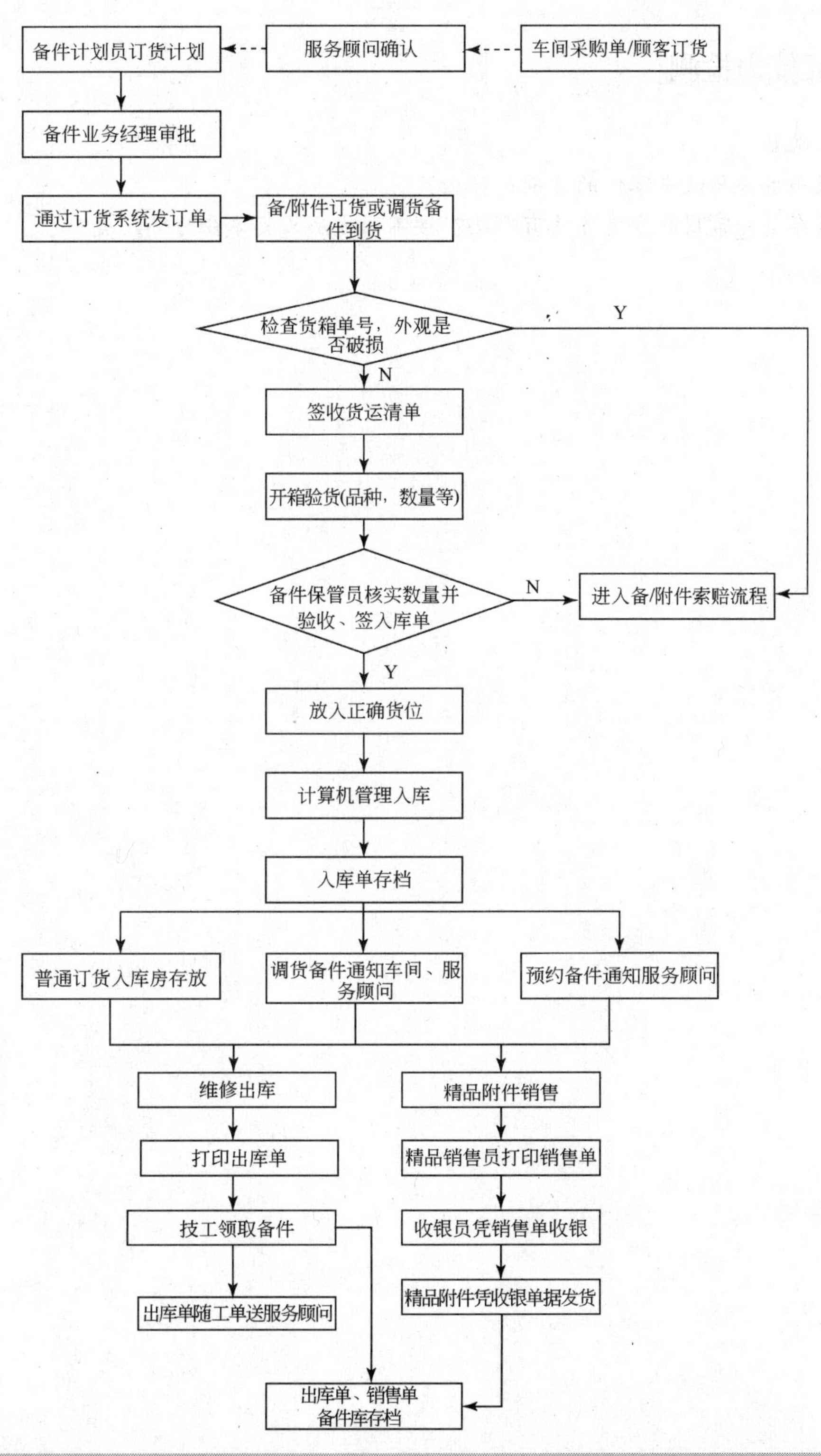

图1-4　汽车服务企业备件业务流程

单元能力检测

头脑风暴：

1. 汽车备件与汽车零件的区别是什么？
2. 汽车备件常用的分类方法有哪些？按不同方法又具体分为哪几类？

单元二　汽车备件的编码

单元要点

1. 车辆识别代号（VIN码）的意义；
2. 主要车系汽车备件编码规则。

相关知识

备件查询是备件管理人员的一项基本工作。快速、准确地查询到所需的相关备件信息是进行备件订货、仓库管理的基础。备件查询的一般流程见图1-5。

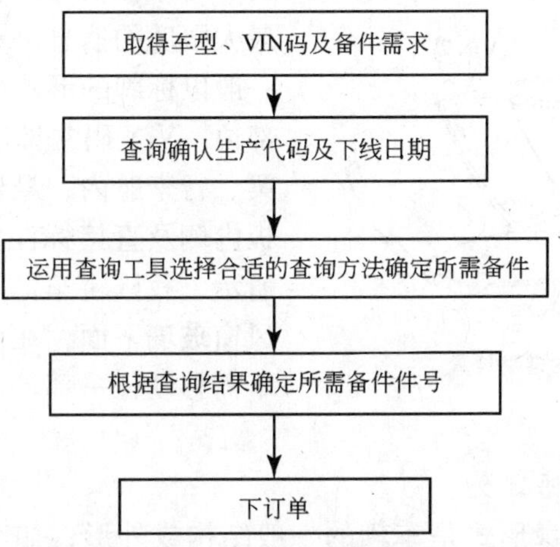

图1-5　备件查询的一般流程

由上图可知，车型、VIN码及备件需求是备件资料查询的基础，取得上述信息是为下一步确定零件件号作准备。如果没有这些信息，我们就无法进行下一步作业。因此，备件管理人员要查询某辆车的某个零件，首先要知道此车的车辆信息，然后才能通过零件图册或备件电子目录进行备件查询。

一、车辆识别代号（VIN码）

1. VIN码的含义

现在国内外各汽车公司生产的汽车都使用了VIN（Vehicle Identification Number）码。VIN码是制造厂为了识别而给一辆车指定的一组字码。国际标准化组织（International Organization for Standardization，简称ISO）将车辆识别方案推向世界，并制定了完善的车辆识别代号系列标准，使世界各国的车辆识别代号建立在统一的理论基础上。目前，采用这套车辆识别系统的国家已超过30个。我国的第一个车辆管理规则《车辆识别代号（VIN）管理规则》于1997年1月1日生效。它在内容上采用国际标准，在管理方式上参照了美国机动车安全标准和联邦法规，其适用范围是在中华人民共和国境内生产的汽车、挂车、摩托车和轻便摩托车。1999年1月1日后，适用范围内所有新生产的车必须使用车辆识别代号。2004年，国家发展和改革委员会发布《车辆识别代号管理办法（试行）》，并于2004年12月1日起施行，《车辆识别代号（VIN）管理规则》同时废止。

在汽车上使用车辆识别代号，是各国政府为管理机动车辆实施的一项强制性规定。VIN码由一组字母和阿拉伯数字组成（注：VIN码中不会包含I、O、Q三个英文字母），共17位。17位编码经过排列组合，可以使车型生产代号在30年之内不会发生重号，故VIN码又称为“汽车身份证”，是识别一辆汽车不可缺少的工具。VIN码包含该车的生产厂家、车型系列、车身形式、发动机型号、车型年款、安全防护装置型号、检验数字、装配工厂名称和出厂顺序号码等。VIN码具有很强的唯一性、通用性、可读性以及最大限度的信息承载量和可检索性。VIN码一般以标牌的形式出现，装贴在汽车的不同部位。VIN码常见位置有仪表板左侧、前横梁、行李舱内、悬架支架上、纵梁上、翼子板内侧及直接标注在车辆铭牌上。如图1-6所示，我国轿车的VIN码多在仪表板左侧、风窗玻璃下面，在白天日光照射下，观察者不需移动任一部件，从车外即可分辨出车辆识别代号。

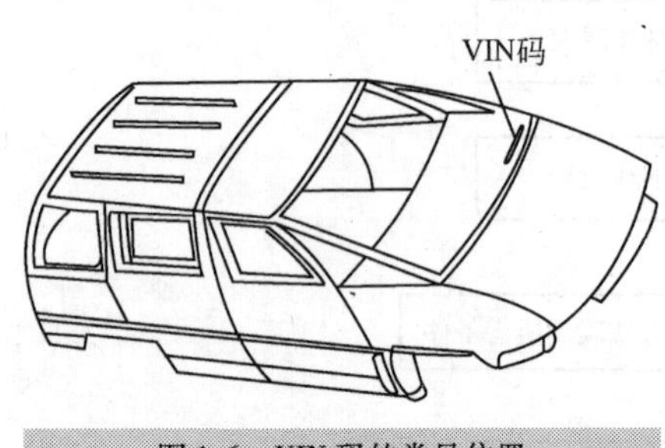

图1-6　VIN码的常见位置

2. VIN码的相关术语定义

（1）车身形式。车身形式是车辆的一般结构或外形，如车门和车窗数量，运载货物的特征及车顶形式（如厢式车身、溜背式车身、舱背式车身）的特点。

（2）发动机型号。发动机型号是指动力装置的特征，如所用燃料、汽缸数量、发动机排量等。

（3）种类。种类是制造商对同一型号内的，在诸如车身、底盘或驾驶室类型等结构上有一定共同点的车辆所给予的命名。

（4）品牌。品牌是制造厂对一类车辆或发动机所给予的名称。

（5）型号。型号是指制造厂对具有同类型、品牌、种类、系列及车身形式的车辆所给予的名称。

（6）车型年份。车型年份表明某个单独的车型的年份，只要实际周期不超过两个立法年份，可以不考虑车辆的实际生产年。

（7）制造工厂。制造工厂是指标贴VIN码的工厂。

（8）系列。系列是指制造厂用来表示如标价、尺寸或重量标志等小分类的名称。主要用于商业目的。

（9）类型。类型是指由普通特征、包括设计与目的来区别车辆的级别。轿车、多用途载客车、载货汽车、客车、挂车、不完整车辆和摩托车是独立的类型。

3. VIN码的组成

VIN码由三部分组成：第一部分，世界制造厂识别代号（WMI）；第二部分，车辆说明部分（VDS）；第三部分，车辆指示部分（VIS），如图1-7所示。

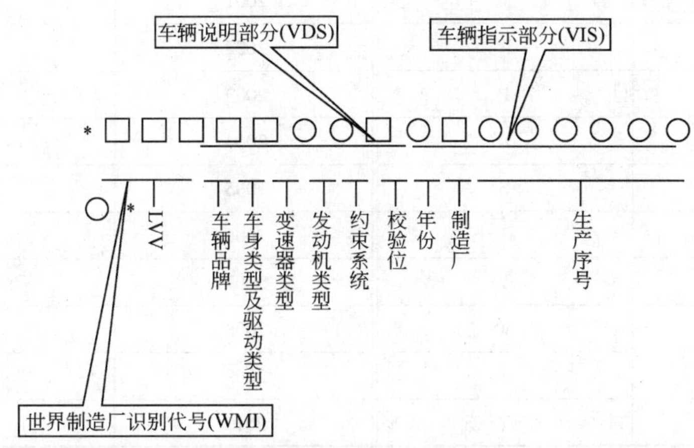

图1-7 VIN码组成示意图

下面我们以VIN码为LGBC1AE063R000814的风神蓝鸟车为例具体说明：

（1）世界制造厂识别代号（WMI）。世界制造厂识别代号必须经过申请、批准和备案后方能使用。第一位字码是标明一个地理区域的字母或数字，第二位字码是标明一个特定地区内的一个国家的字母或数字，第三位字码是标明某个特定的制造厂的字母或数字。第一、二、三位字码的组合能保证制造厂识别标志的唯一性。例如LGB代表东风汽车公司。

（2）车辆说明部分（VDS）车辆说明部分由六位字码组成，如果制造厂不用其中的一位或几位字码，应在该位置填入制造厂选定的字母或数字占位。此部分能识别车辆的一般特性，其代号顺序由制造厂决定。例中的第四位到第九位分别表示：

①C（第四位）表示品牌系列。C表示风神“蓝鸟”EQ7200系列，E表示NISSAN SUNNY 2.0系列。

②1（第五位）表示车身类型。1——四门三厢，2——四门二厢，3——五门二厢，4——三门二厢。

③A（第六位）表示发动机特征。A——2.0L，B——待定。

④E（第七位）表示约束系统类型。

⑤0（第八位）表示变速器形式。0——AT，2——MT。

⑥6（第九位）为检验位，可由其他16位通过一定计算规则算出。

（3）车辆指示部分（VIS）。车辆指示部分由八位字码组成，其最后四位字码应是数字。例中的第十位至第十七位分别表示：

①3（第十位）表示车型年份，即厂家规定的年款（Model Year）。不一定是实际生

产的年份，但一般与实际生产的年份之差不超过 1 年，如 3 为 2003 年款。车型年份对应的代码如表 1-2 所示。

车型年份对应的代码　　表 1-2

年　份	代　码	年　份	代　码
1991	M	2001	1
1992	N	2002	2
1993	P	2003	3
1994	R	2004	4
1995	S	2005	5
1996	T	2006	6
1997	V	2007	7
1998	W	2008	8
1999	X	2009	9
2000	Y	2010	A

②R（第十一位）表示装配厂。R 表示风神一厂（襄樊），Y 表示风神二厂（花都）。

③000814（最后六位）表示生产序号。一般情况下，汽车召回都是针对某一顺序号范围内的车辆，即某一批次的车辆。

4. VIN 码的应用

VIN 码的具体应用如下：

（1）车辆管理：登记注册、信息化管理。

（2）车辆检测：年检和排放检测。

（3）车辆防盗：识别车辆和零部件，盗抢数据库。

（4）车辆维修：诊断、电脑匹配、备件订购、客户关系管理。

（5）二手车交易：查询车辆历史信息。

（6）汽车召回：年代、车型、批次和数量。

（7）车辆保险：保险登记、理赔，浮动费率的信息查询。

二、汽车其他相关标志说明

1. 车辆铭牌（图 1-8）

车辆金属铭牌应标明厂牌型号、发动机型号、发动机功率、总质量、载质量、出厂编号、出厂年月和厂名，并固定在易见部位。

2. 发动机号

发动机号及出厂编号，是汽车的重要标志之一。按规定，发动机号应打印或铸在汽缸体的易见部位（图 1-9），发动机出厂编号应打印在汽缸体的易见且易拓印的部位，两端应打印起止标记。

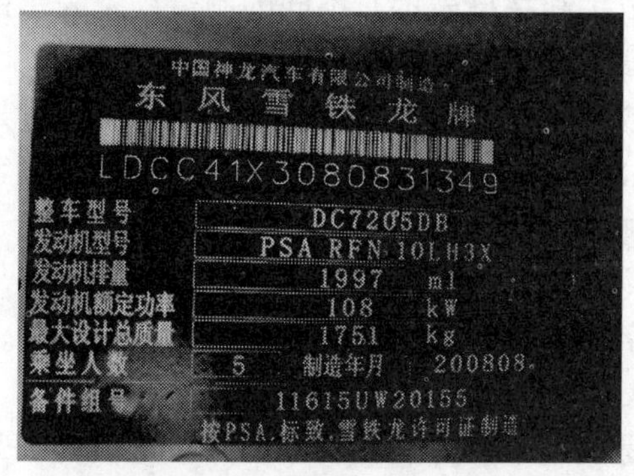

图 1-8　车辆铭牌

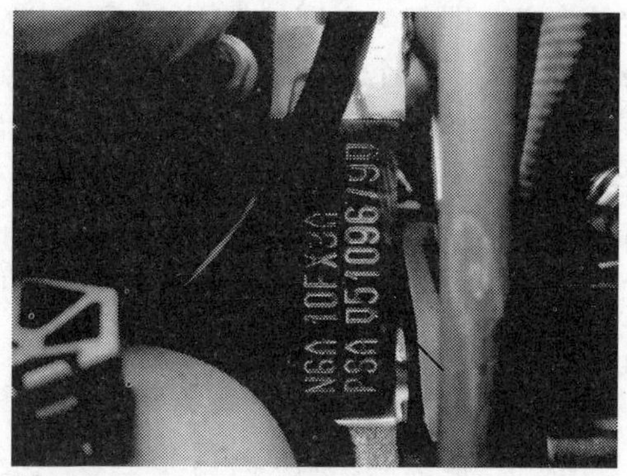

图 1-9　位于缸体与变速器连接处上方的发动机号

3. 底盘号（车架号）

现在均用 VIN 码代替底盘编号，一般打印在车架易见部位（图 1-10）。

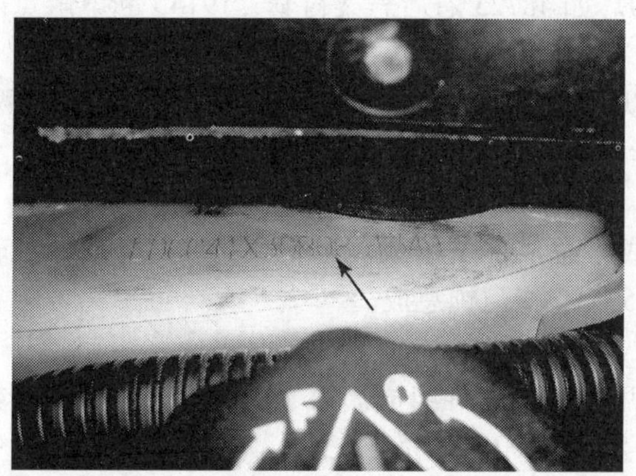

图 1-10　位于发动机右侧减振器支座上的车架号（VIN 码）

4. 商标

位于汽车发动机盖中间前部的汽车标志。

5. 产品型号标志

汽车尾门右下角标有产品型号标牌。

三、主要车系汽车备件编码规则

为了提高备件管理人员的工作效率，保证订购备件信息的准确性，采用电子化或网络化的汽车备件管理系统是大势所趋。另外，不同生产厂家、车型和年款的汽车零件互换性非常复杂，只有通过计算机的数据库技术才能对零件的互换性匹配进行快速、准确的查找与对比。为使汽车零部件能适应计算机管理，以便于提高采购时的准确性，汽车制造厂家都对所生产的汽车零部件实行编码分类，编码的规定各不相同，但都有相对固定的规则。这些固定的编码通称原厂编码，由英文字母和数字组成，每一个字符都有特定的含义，即每一个零件都用一组不定数量的数字和字母表示，不同的制造厂家表示的方法都不同，每个汽车制造厂商均有自己的一套零件编号体系，不能相互通用。

汽车备件编码一般采用 10 ~ 15 位数字或数字字母组合而成，构成汽车零件件号，件号是唯一的，一个零件对应一个件号。有些公司的零件编号分为若干段，便于识别零件所属总成或大类。下面结合一些公司的实例加以说明。

（一）丰田汽车公司零件编号体系和原则

丰田汽车零件编号一般由 10 个或 12 个数字或英文字母组成，各代表一定的含义。

1. 一般普通件编号　●●●●● – ○○○○○ – ○○

前 5 位基本编号，表示零件的种类，也就是表示了零件名称；中间 5 位是设计编号和变更编号，表示零件所对应的车型；后两位是附属号，表示零件的颜色及其他。如 16100 – 50010 中的 16100 是指发动机部分的水泵，而 50010 是指凌志 400 车所用的零件。又如连杆轴瓦的编号为 13041 – 15021 – 04。

2. 单一件编号

前 5 位全部没有 0。如 48725 右后悬架衬套，19145 断电触点。

3. 半总成件编号

半总成件由 2 个以上的零件组成，第三位或第四位数为 0 或两者皆为 0，但第五位数不为 0。如 11401 指缸体，13011 指活塞环。

4. 总成件编号

总成件由单一件或半总成件所组成。第 5 位为 0，组成件数较多，则第 3、4 位为 0。如 11400 指中缸，53510 指门锁总成。

5. 组件编号

组件由中心件和几个其他小件组成。第 7 位为 9，最后一个数字由 5 ~ 9 的数字组成。如水泵组件的编号为 16100 – 29085。

6. 部位编号○○●●○ – ○○○○○

零件在分组中的位置（含右、左区分）。如 48510 指前右减振器总成，81150 指前左前照灯总成。

7. 细分号○○○○● – ○○○○○

指定零件（含右、左、上、下区分）。如 53801 为前右翼子板，48069 为前左下悬架。

8. 顺序编号○○○○○ – ○○●●○

对零件号码由第一位至第七位数皆相同的零件，按照登记次序而赋予 01 ~ 89 的顺序编号。如针对同一种车型的顺序编号 16100 – 50010 和 15100 – 50022。

9. 设计变更号○○○○○ – ○○○○●

零件设计变更时依序由 0 ~ 9 表示，表示新旧编号的替代。

10. 附属号○○○○○ – ○○○○○ – ●●

代表颜色或尺寸规格大小。如 AO 为白色，BO 为银色，CO 为黑色等。

11. 修理包编号04○○○－○○○○○

修理包零件编号全部由04开头。如04993－33090表示制动主泵套件/修理包。

12. 专用工具编号09○○○－○○○○○

专用工具零件编号一般都以09开头，但部分随车工具除外。

13. 精品和矿物油编号08○○○－○○○○○

14. 标准件和半标准件编号9○○○○－○○○○○

标准件，是指那些材料质量、形状、尺寸等按照丰田汽车的标准进行标准化的零件。如六角螺栓、螺母、垫圈、螺钉等。半标准件，是指那些类似于标准件的非标准件，它们也经常被采用。如特殊螺钉、轴承、油封等。标准件和半标准件第一位数均用9表示，半标准件的第二位数为0。

（二）一汽大众——捷达轿车备件编码

在德国大众备件管理体系中，备件通过阿拉伯数字和26个英文字母组合，使之成为一套简明、完整、精确、科学的备件号系统。每一个备件只对应一个号码，每组数字、每个字母都表示这个件的某种性质。德国大众备件号码一般由14位组成，其组成及含义如下。

如：191　863　241　AP　LN8 中央托架

（1）（2）（3）（4）（5）

（1）车型及型号标记。前三位表示车型或机组型号。它们说明这些件最初为哪种车型、哪种发动机和变速器设计和使用。从标记的第三位数字可以区别是左驾驶还是右驾驶。一般规定：单数为左驾驶，双数为右驾驶。

（2）大类及小类。根据零件在汽车结构中的差异及性能的不同，德国大众备件号码系统将备件号分成十大类（10个主组，见表1-3），每大类（主组）又分为若干小类（子组），小类（子组）的数目和大小因结构不同而不同，小类（子组）只有跟大类（主组）组合在一起才有意义。

大众汽车备件分类表　　表1-3

1大类	发动机，燃油喷射系统	6大类	车轮，制动系统
2大类	燃油箱，排气系统，空调制冷循环部件	7大类	手动、脚动杠杆操作机构
3大类	变速器	8大类	车身及装饰件，空调壳体，前后保险杠
4大类	前轴，前轮驱动差速器，转向系，前减振器	9大类	电器
5大类	后轴，后轮驱动差速器，后减振器	0大类	附件（千斤顶、天线、收音机）

如191 863 241 AF LN8中的863，其中8为大类，称为主组，指车身及装饰件，空调壳体，前后保险杠；63为小类，称为子组。又如63——托架，57——后视镜，45——玻璃，31——车门。

（3）备件号。按照其结构顺序排列的备件号由三位数（001～999）组成。如果备件不分左右，既可在左边又可在右边使用，最后一位数字为单数；如果备件分左右件，一般单数为左边件，双数为右边件。

如 191 863 241 AP LN8 中的 241。

（4）设计变更/技术更改号。设计变更号由一个或两个字母组成，表示该件的技术曾经更改过，如备件的材料、结构、技术要求等发生变化更改，可通过第（4）部分字母的变化看出。

（5）颜色代码。颜色代码用三位数字或三位字母的组合来表示，它说明该件具有某种颜色特征。

如 01C 代表黑色带有光泽，041 代表暗黑色，043 代表黑花纹，R0H 代表未加工的原色。

由上可见，各汽车制造厂采用不同的编号体系，汽车备件经销商一般沿用原厂编号体系，这样便于采购订货，不易出错。

单元能力检测

头脑风暴：

1. 车辆识别代号（VIN 码）的组成与作用是什么？
2. 车辆识别码常见的标志位置有哪些？

单元三　汽车备件的查询

单元要点

1. 汽车备件查询工具；
2. 汽车备件查询的方法和步骤。

相关知识

一、汽车备件查询工具

通过查阅备件目录来确认备件编号。汽车备件查询工具主要有纸版备件图册、微缩胶片备件目录和电子备件目录（CD光盘）三种形式。三者只是载体的形式不同，但内容上是一样的。微缩胶片备件目录目前已逐步淘汰，故在此不再介绍。

（一）纸版备件图册

纸版备件图册（图1-11）是人工查询汽车备件的工具。汽车制造厂根据每一种车型编辑一本手册，内容包括该车型所有零件的名称、零件编号、单车用量及代用零件编号等详细信息，并附有多种查询方法，如按零件名称、零件编号、汽车总成分类及图形索引（爆炸图）等方法查询。备件图册使用方便，但也存在一些缺点，如查找效率低，资料无法及时更新；体积大，需要较大的存放空间；易污损，资料完整性难以保证。为此，现在越来越多的使用者采用电子备件目录进行备件的查询。

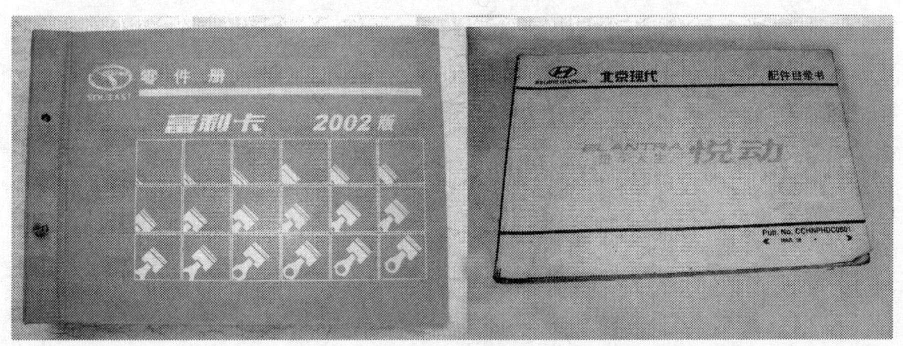

图1-11　纸版备件图册

（二）电子备件目录（CD光盘）

电子备件目录是帮助专业人员应用计算机管理系统正确查询或检索零部件的图号、名称、数量、件号及装配位置、立体形状、库存信息、价格等的技术资料的工具。计算机光盘容量大，一张光盘可以容纳多个车型甚至一家公司全部车型的备件手册内容。光盘系统查询方式灵活多样，非常方便。随着汽修、汽配企业计算机管理的普及，光盘应用越来越广泛。光盘存储形式的电子目录具有信息承载量大、查询简单、更新方便、成本低的特点，因此在备件经销领域获得了广泛的应用。

目前各大厂商都根据自身的需要开发了相应的备件服务系统，其结构和功能之间有较大的差异，但实际内容是一致的，他们都包含了所有车辆备件的相关信息。使用电子备件目录系统后，备件就可以通过计算机很方便地查询到，并且以装配图等方式显示出来，替代了传统查询手册的方式，更准确（因可定期和厂家修改技术资料和同步升级）、方便和快捷。目前备件的检索与显示已经做到了三维立体视图，立体插图中的插图号与电子备件目录中的备件号、备件名称、备注说明、每车件数、车型匹配，形成一一对应关系。被授权的经销商可与厂家建立良好的信息沟通渠道，通过联网或定期升级电子备件目录，及时掌握零件的变更信息，并实时地更新自己的备件信息库，实现资源共享，同步升级。

二、汽车备件查询方法和步骤

如何根据客户的描述去查询和确认客户所需要的备件呢？一般的汽车备件电子目录查询软件都提供了多种的查询检索途径，备件管理人员可根据具体情况选择不同的查询方法获取所需的信息。常用汽车备件的检索方法有按汽车零件名称（字母顺序）索引检索、按汽车总成分类检索、按零件图形（图号）索引检索、按零件编号（件号）检索等，分述如下：

（一）按汽车备件名称（件名或件名英文字母顺序）索引检索

在进口汽车备件手册中均附有按零件名称字母顺序编排的索引，如果知道所需零件的英文名称，即使缺乏专业知识的人员，采用此种方法也能较快地查找该零件的有关信息。

（二）按汽车总成分类索引检索

把汽车零件按总成分类列表，如发动机、传动系、电器设备、转向系、制动系、车身附件等，根据零件所属总成，查出对应的地址编号或模块编号，再根据编号查询出该零件的有关详细信息（图）。不同的汽车公司、车系分法也有所不同，因此，汽车总成分类索引适用于对汽车零部件结构较熟悉的专业人员使用，知道某一个零件属于哪个总成部分，才能够快速查询和确认客户所需要的备件。

（三）按零件图形（图号）索引检索

把汽车整车分解成若干个模块，采用图表相结合的方式，用爆炸图（即立体装配关系展开图，如图 1-12）能直观、清楚地显示出各个零件的形状、安装位置及其装配关系，并在对应的表中列出零件名称、零件编号、单车用量等详细信息。按图形（图号）索引查询的特点是能直观、准确、方便迅速地确定所需备件。

（四）按汽车零件编号（件号）索引

一般汽车零件上均有该零件的编号，如果所需备件编号已知，则采用本方法能准确、迅速地查询到该零件的有关信息。一个零件的名称可能因翻译、方言等因素叫法不

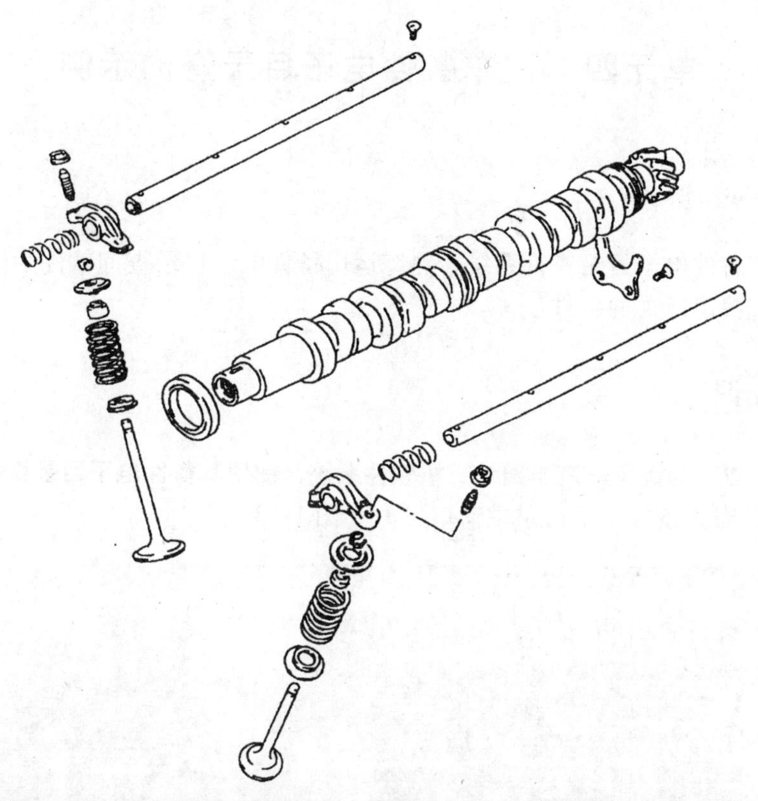

图1-12　备件爆炸图

同，但零件编号是唯一的。零件编号索引是根据零件编号大小顺序排列的，根据已知的零件编号，可以查出该零件的地址编码或所在页码，然后查询其详细信息。

除上述几种检索方法外，还有根据汽车零件名称编码PNC（Part Name Code）查询等方法，不同汽车制造厂家的备件目录系统都提供了多种备件查询方法供备件人员根据需要选择，以上列举的只是常见的几种方法。

单元能力检测

头脑风暴：

1. 汽车备件查询工具主要有哪些？
2. 汽车备件查询的方法主要有哪些？

单元四　汽车备件电子目录查询示例

单元要点

认识汽车备件电子目录查询系统，熟练运用备件电子目录查询软件为顾客精确、快速、安全地查找出所需的备件。

相关知识

示例一：以下为运用一汽丰田计算机软件系统，使用其备件电子目录查询备件示例。

（1）一汽丰田备件电子目录主窗口界面（图 1-13）。

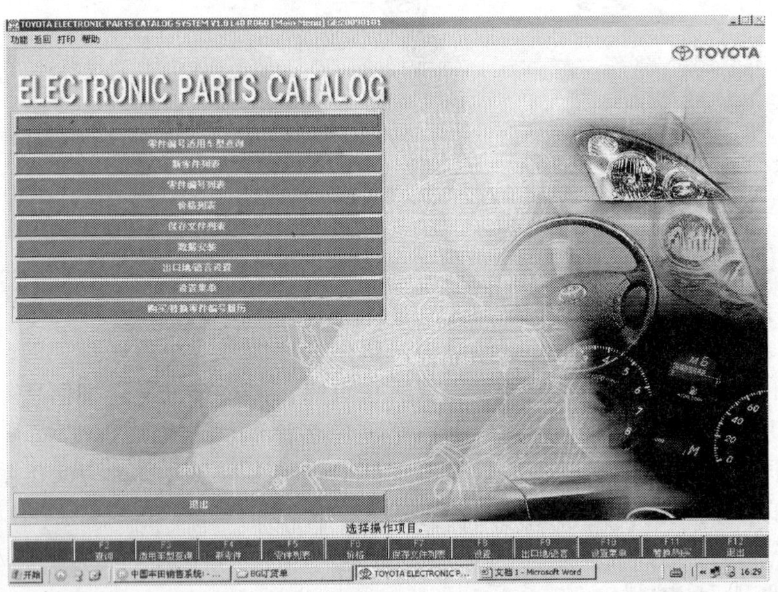

图 1-13　一汽丰田备件电子目录主窗口界面

（2）输入车辆的 VIN 码查询有关该车的相关信息。如输入 LTVBG864950043367 后查询可得该车相关信息（图 1-14）。

（3）通过备件编号即件号直接查询零件。如输入零件编号 04465 – 33340，点击查询后即可得到此关于该零件的相关信息（图 1-15）。

（4）通过汽车总成分类（图例图号）索引查询。以下是按汽车图例图号索引查询的总界面（图 1-16）。

如要查发动机活塞件，则点击发动机/燃油类/工具条目，显示界面如图 1-17 所示，再根据界面所示的图例图号查询所要的具体备件。

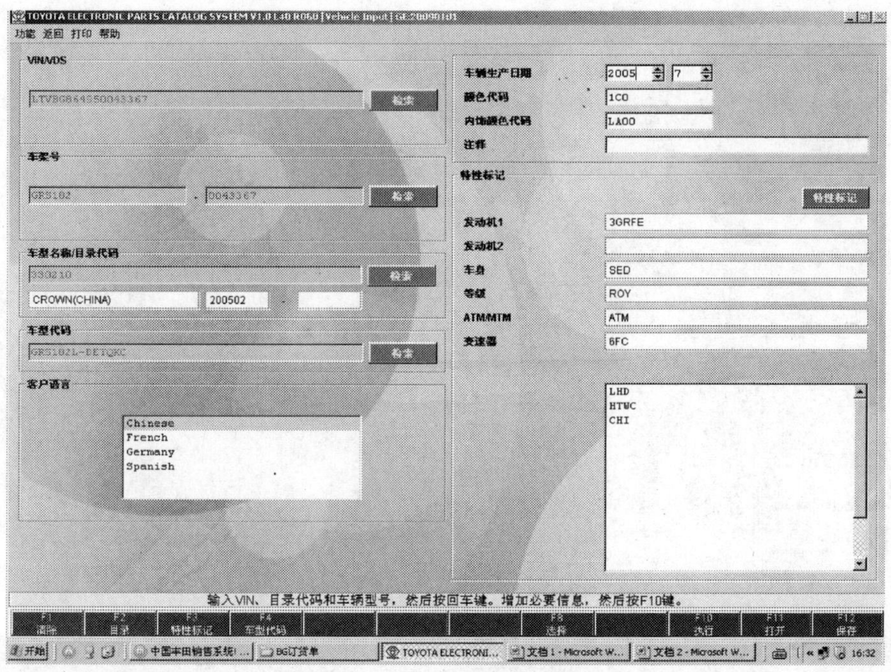

图 1-14　输入车辆的 VIN 码查询界面

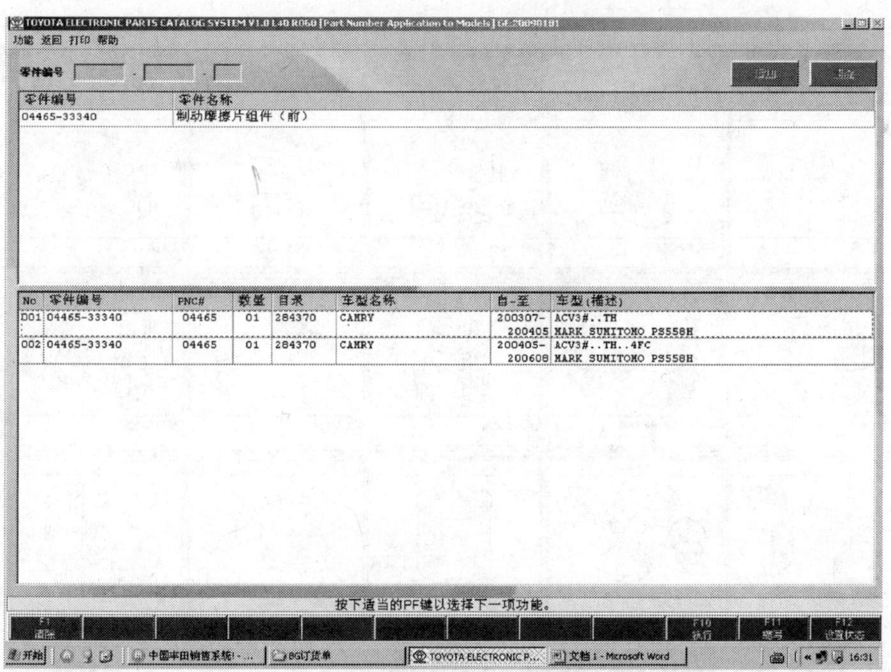

图 1-15　通过备件编号即件号直接查询零件的界面

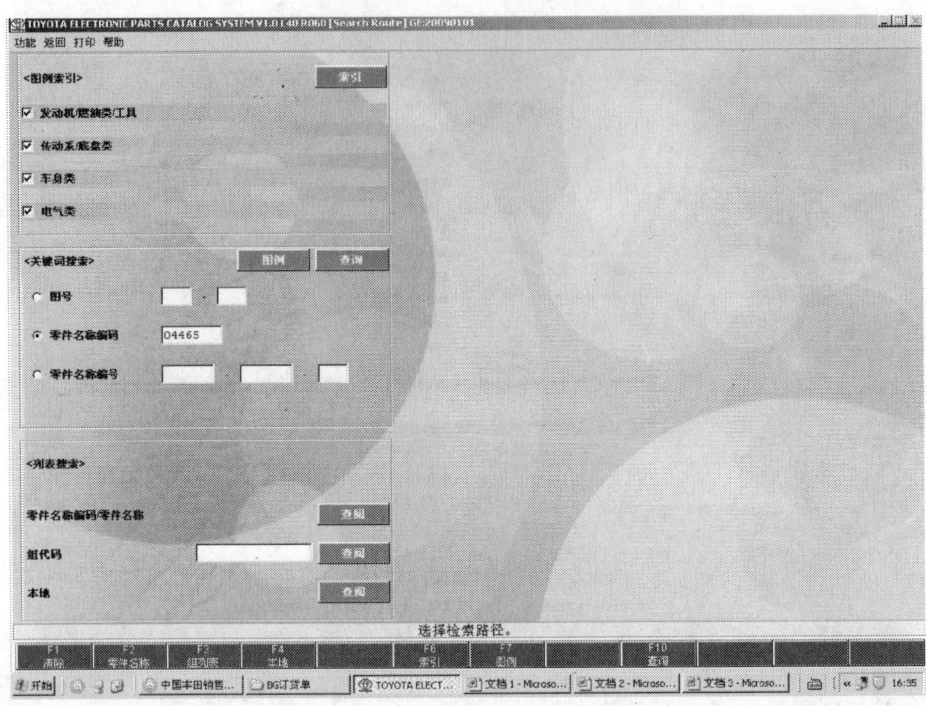

图 1-16 汽车总成分类（图例图号）索引查询界面

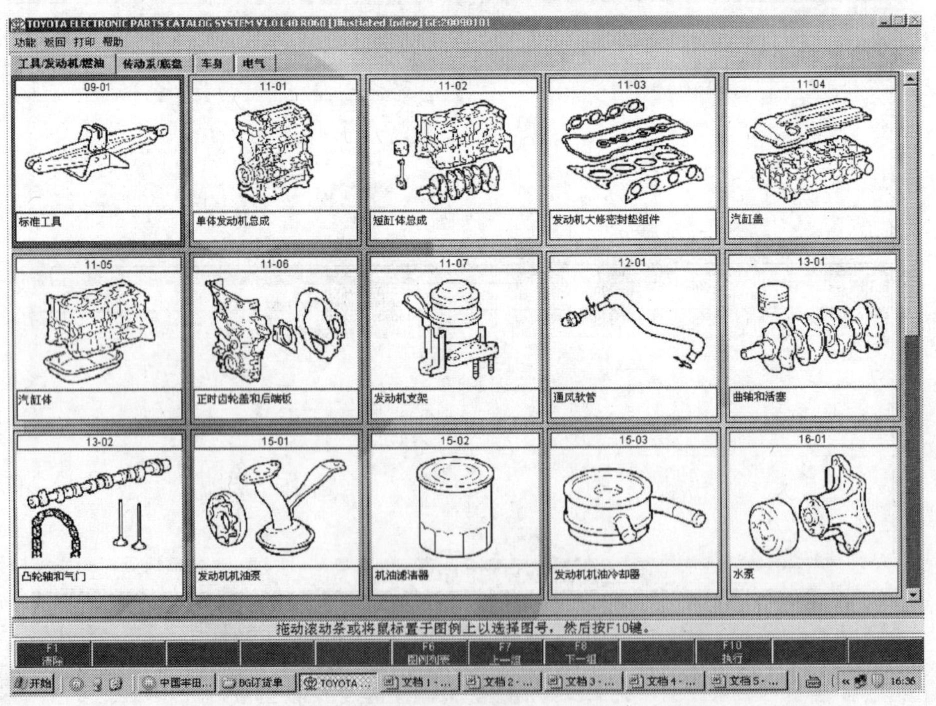

图 1-17 汽车总成分类（图例图号）索引——发动机/燃油类/工具查询界面

其他按总成分类的图例图号分类索引界面分别如图1-18、图1-19、图1-20所示。

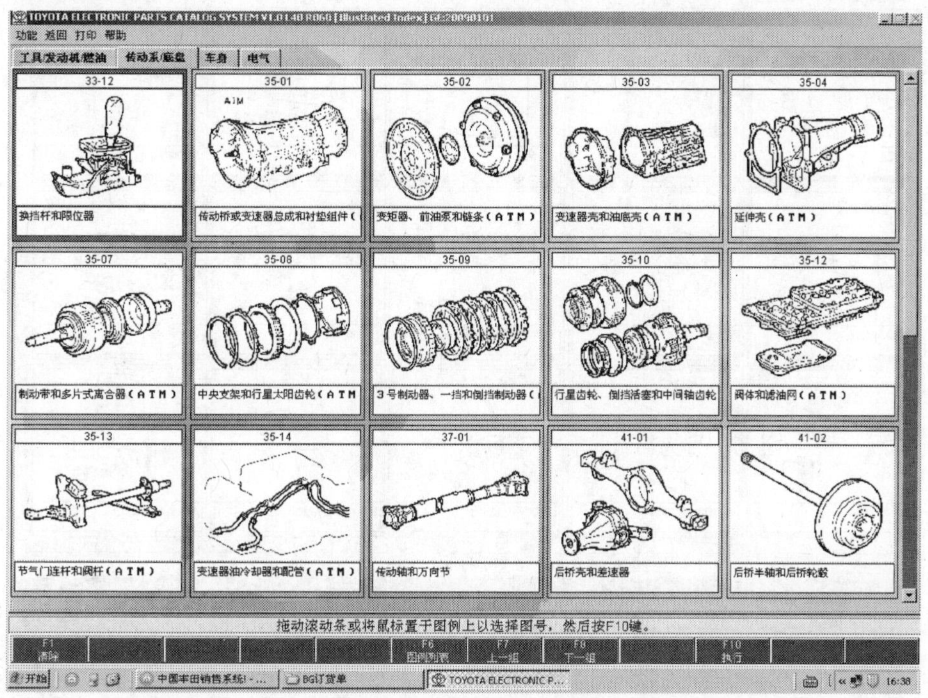

图1-18 汽车总成分类（图例图号）索引——传动系/底盘类查询界面

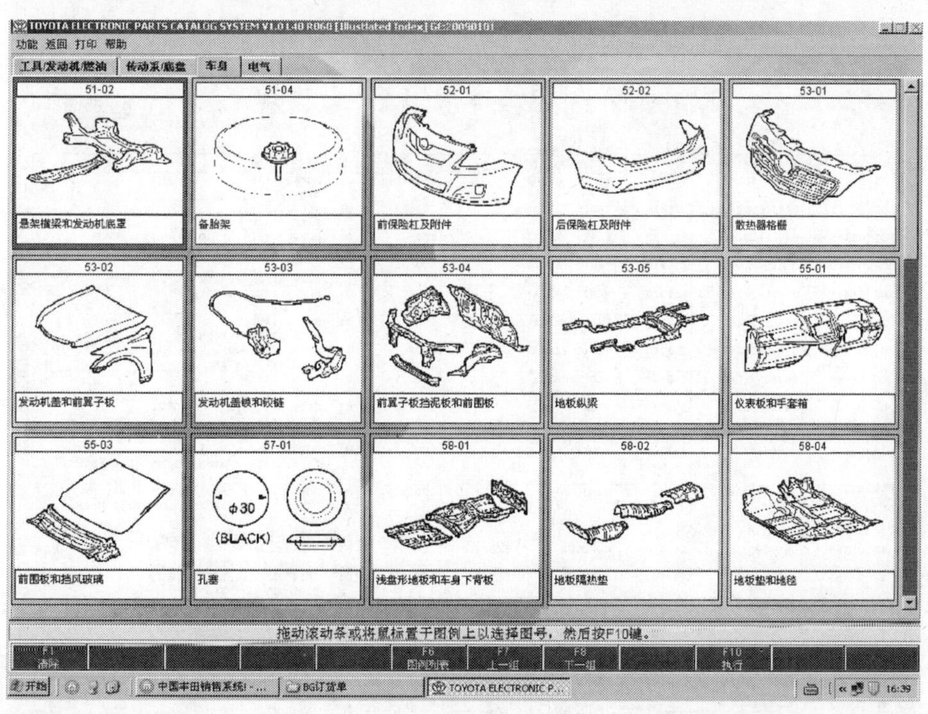

图1-19 汽车总成分类（图例图号）索引——车身查询界面

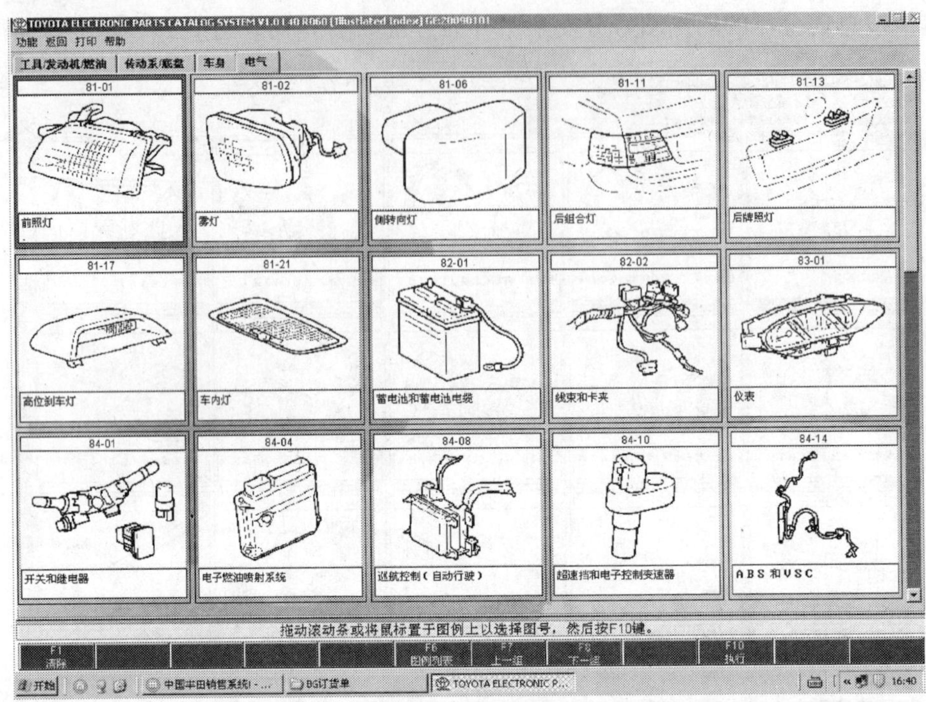

图1-20　汽车总成分类（图例图号）索引——电气类查询界面

（5）按零件名称编码PNC（Part Name Code）查询（图1-21）。

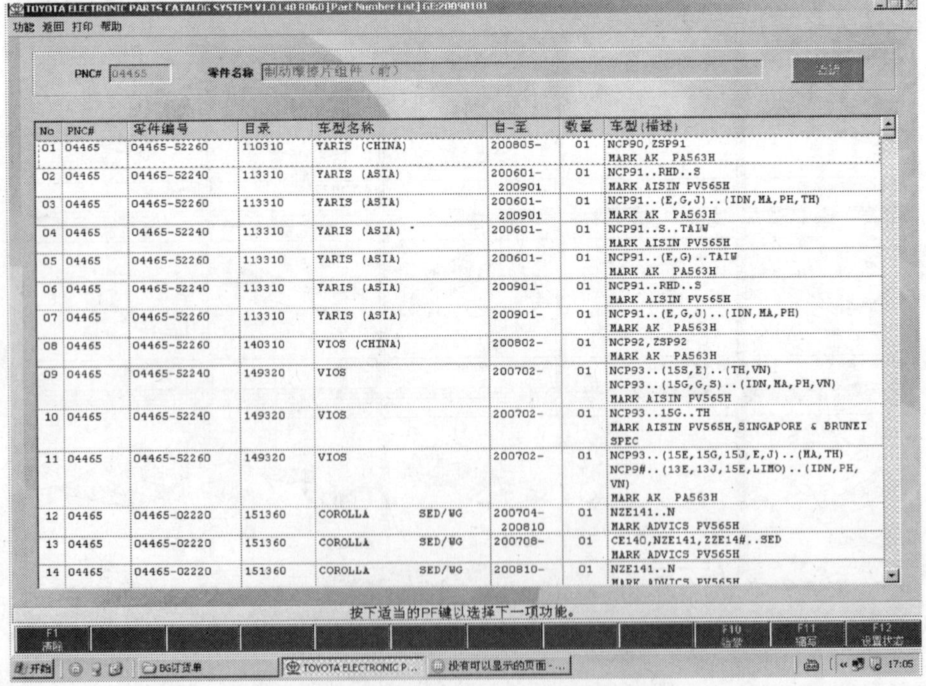

No	PNC#	零件编号	目录	车型名称	自-至	数量	车型(描述)
01	04465	04465-52260	110310	YARIS (CHINA)	200805-	01	NCP90,ZSP91 MARK AK PA563H
02	04465	04465-52240	113310	YARIS (ASIA)	200601- 200901	01	NCP91..RHD..S MARK AISIN PV565H
03	04465	04465-52260	113310	YARIS (ASIA)	200601- 200901	01	NCP91..(E,G,J)..(IDN,MA,PH,TH) MARK AK PA563H
04	04465	04465-52240	113310	YARIS (ASIA)	200601-	01	NCP91..S..TAIW MARK AISIN PV565H
05	04465	04465-52260	113310	YARIS (ASIA)	200601-	01	NCP91..(E,G)..TAIW MARK AK PA563H
06	04465	04465-52240	113310	YARIS (ASIA)	200901-	01	NCP91..RHD..S MARK AISIN PV565H
07	04465	04465-52260	113310	YARIS (ASIA)	200901-	01	NCP91..(E,G,J)..(IDN,MA,PH) MARK AK PA563H
08	04465	04465-52260	140310	VIOS (CHINA)	200802-	01	NCP92,ZSP92 MARK AK PA563H
09	04465	04465-52240	149320	VIOS	200702-	01	NCP93..(15S,E)..(TH,VN) NCP93..(15G,G,S)..(IDN,MA,PH,VN) MARK AISIN PV565H
10	04465	04465-52240	149320	VIOS	200702-	01	NCP93..15G..TH MARK AISIN PV565H,SINGAPORE & BRUNEI SPEC
11	04465	04465-52260	149320	VIOS	200702-	01	NCP93..(15E,15G,15J,E,J)..(MA,TH) NCP9#..(13E,13J,15E,LIMO)..(IDN,PH,VN) MARK AK PA563H
12	04465	04465-02220	151360	COROLLA SED/WG	200704- 200810	01	NZE141..N MARK ADVICS PV565H
13	04465	04465-02220	151360	COROLLA SED/WG	200708-	01	CE140,NZE141,ZZE14#..SED MARK ADVICS PV565H
14	04465	04465-02220	151360	COROLLA SED/WG	200810-	01	NZE141..N MARK ADVICS PV565H

图1-21　按零件名称编码PNC查询界面

示例二：下面我们以一汽大众备件电子目录查询示例。

（1）一汽大众备件电子目录主窗口界面（图1-22）。

图1-22　一汽大众备件电子目录主窗口界面

（2）只要点击主窗口的任何一个位置就会进入选择车系的窗口（图1-23）。

图1-23　选择车系主窗口界面

（3）通过点击车系的标志选择该车系，并进入选择车型的界面（图1-24）。

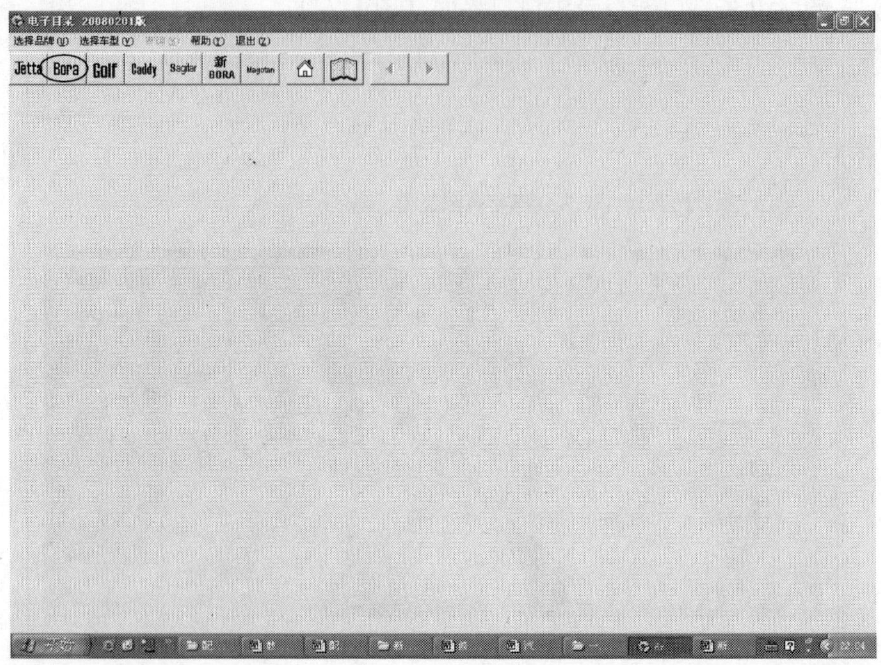

图1-24　选择车系界面

（4）点击选择相应车型，进入车型各系统界面（图1-25）。

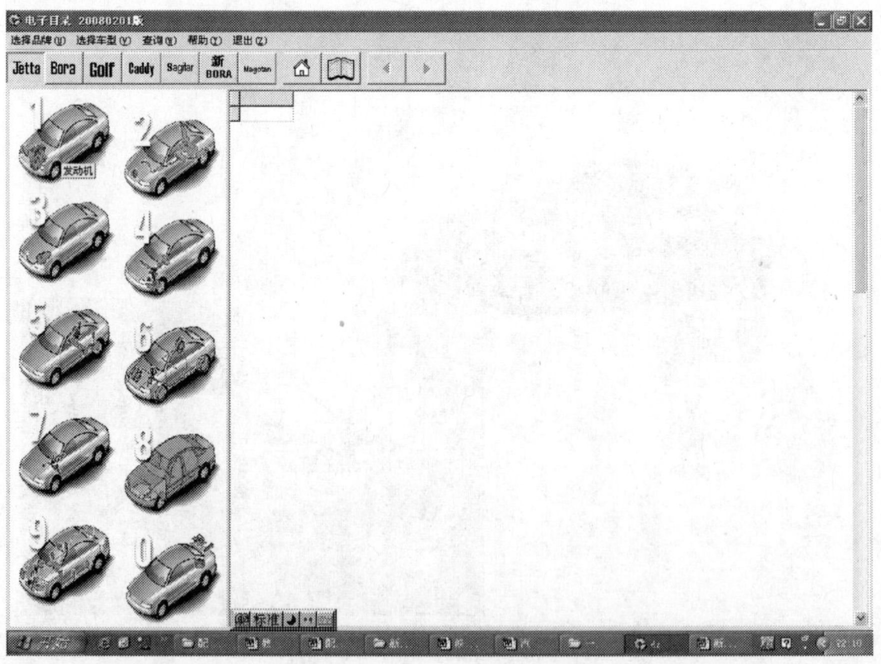

图1-25　车系各系统界面

（5）点击相应系统，电子目录会显示该系统所包含的所有的备件属性（图1-26）。

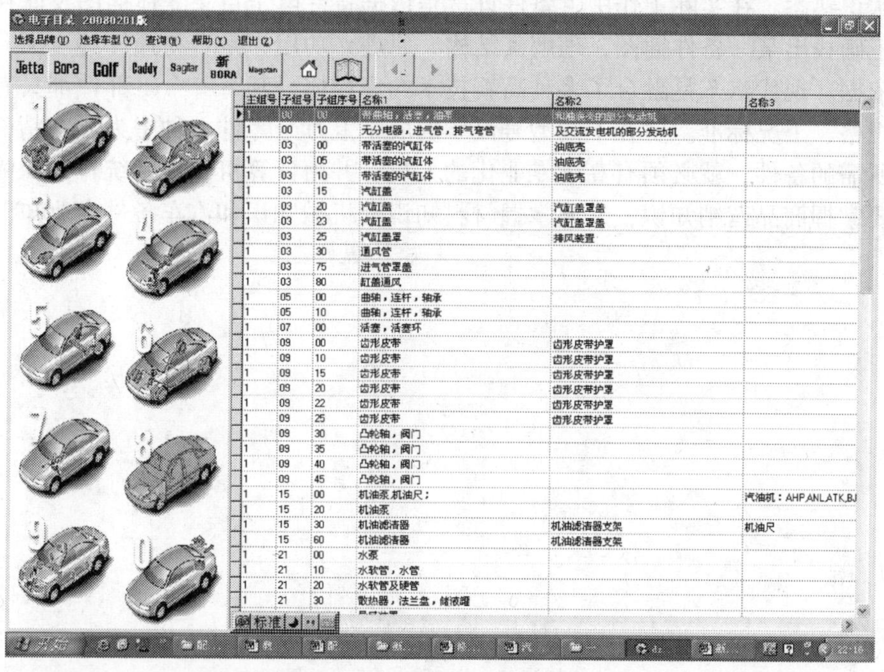

图1-26 选择相应系统所显示界面

（6）双击任何备件，系统会显示该备件各型号的详细图片（图1-27）。

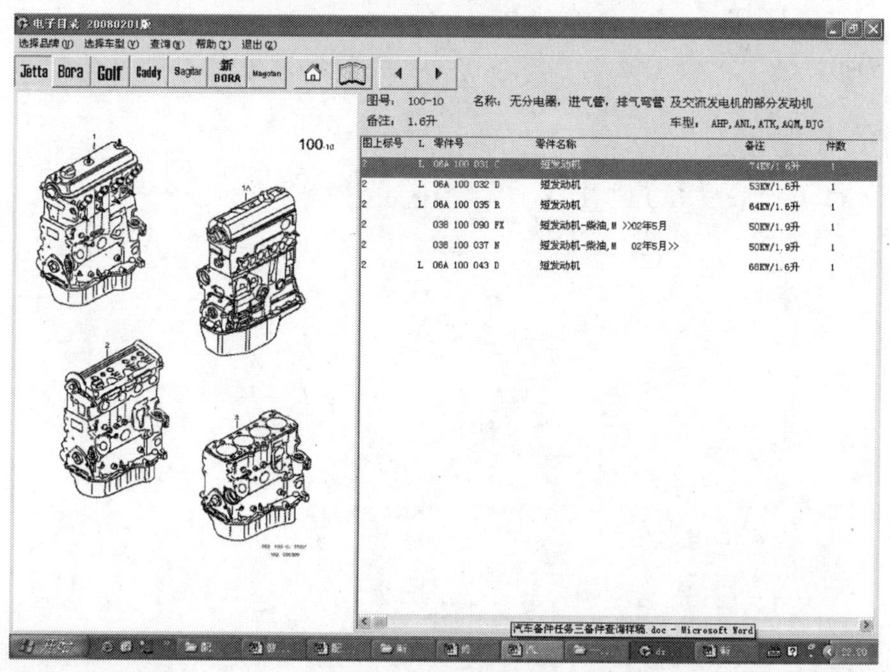

图1-27 所选相应备件界面

以上示例只是简单介绍了丰田和大众备件的电子目录系统，具体操作应通过模拟训练进行认识熟悉。在实际工作中，备件订货是依据备件电子目录立体插图及库存数来进行的。正确找出某一备件插图，理解其结构、原理、功用、是否易损件等含义，是正确订货的依据。现代汽车是融合了多种高新技术的集合体，其每一个零部件都具有严格的型号、规格、工况标准。要在不同型号汽车的成千上万个零件品种中为顾客精确、快速查找出所需的备件，就必须有高度专业化的人员，并由计算机管理系统作为保障。从业人员既要掌握商品营销知识，又要掌握材料知识、机械知识和汽车备件专业知识。

单元五　模 拟 训 练

一、汽车备件查询工单（表1-4）

汽车备件查询工单　　表1-4

任务编号：	任务名称：汽车备件查询				成绩	
					学时	90min
姓名		学号		班级	组别	
能力目标	1. 能找出该指定车辆的标牌、发动机、底盘号的位置，取得车型、VIN码等信息； 2. 能根据汽车维修的需要列出所需备件，懂得判别这些备件的类别； 3. 合理选用备件查询的途径，利用电子备件目录或工具书籍查找出备件的编号、库存数量、立体插图及装配位置、价格、仓位等信息； 4. 对工作结果进行有效记录、评价并反馈					
设备、工具准备	汽车备件图册、汽车备件电子目录（光盘）、汽车备件管理软件、计算机、实训车辆					
任务要求	根据给定的进厂维修车辆的维修工单，通过电子目录系统正确查找所需备件的相关信息					
任务要点与操作	任务标准				完成情况	
					能够做到	有待改进
	就实训室给定车辆查找车辆VIN码、车辆标牌、发动机号、底盘号的位置				学时	30min
	1. 准确查找到车辆VIN码并记录，说明各部分含义					
	2. 准确查找到车辆标牌位置并记录其上反映出的车辆相关信息					
	3. 准确查找到车辆发动机号位置并记录					
	4. 准确查找到车辆底盘号位置并记录					
	运用各种查询方法确定所需备件的相关信息				学时	60min
	1. 进入汽车备件电子目录查询软件系统					
	2. 输入车辆的VIN码查询有关该车的相关信息					
	3. 按零件名称编码PNC查询指定备件					
	4. 按汽车总成分类（图例图号）索引查询指定备件					
	5. 通过备件编号即件号直接查询零件					
	6. 系统提供的其他查询方法					
考核结果	准确查找到车辆标牌、发动机号、底盘号的位置		A	B	C	D
	运用各种查询方法准确查询到所需备件相关信息		A	B	C	D
	时间控制		A	B	C	D

二、任务指导要点

（1）注意查询之前所需的相关查询信息的准备。

（2）必须认真仔细以确保查询准确。

（3）根据给定信息选择合适快捷的查询方法。

三、重点环节

（一）主要知识点

（1）汽车备件电子目录查询软件的功能及操作。

（2）车辆 VIN 码、车辆标牌、发动机号、底盘号的含义及其位置。

（二）操作关键点

（1）车型的 VIN 码、生产日期等应查找正确。

（2）选择最合适快捷的查询方法。

（三）仿真演练

（1）如查询某品牌车辆的右前照灯编号。具体查询条件可由教师依情况而定。

（2）在实践的过程中，对查询方法和步骤进行总结并提出自己的见解。

评 价 反 馈

1. 自我评价

（1）通过本学习任务的学习你认为自己是否已经掌握了相关知识并掌握了基本操作技能：

①是否能够快速查找到车辆 VIN 码、车辆标牌、发动机号、底盘号的位置？

____

____

____。

②是否能够熟练操作备件电子目录查询软件？

____

____

____。

（2）实训过程完成情况如何？

评价：____

____

____。

（3）在完成本学习任务的过程中，你和同学之间的协调能力是否得到了提升？

____

____

____。

（4）通过本学习任务的学习，你认为自己在哪些方面还需要深化学习并提升岗位能力？

____

____

____。

签名：__________　　______年______月______日

2. 小组评价

小组评价见表1-5。

小 组 评 价　　表1-5

序号	评 价 项 目	评 价 情 况
1	基本知识的掌握情况	
2	任务是否圆满完成	
3	是否在限定时间内完成	
4	是否合理规范地使用实训设备	

续上表

序号	评价项目	评价情况
5	是否按照安全和规范的要求完成任务	
6	是否遵守实训场地的规章制度	
7	在实训中是否能主动地和他人合作	
8	是否能按要求对实训场地进行清理、清洁	

参与评价的同学签名：__________ ____年____月____日

3. 教师评价

____

____。

教师签名：__________ ____年____月____日

学习任务2　汽车备件订货采购

学习目标

能对备件市场需求进行准确预测，科学制订订货计划，合理确定订货数量和品种，选择正确的订货方式，合理选择供货商家：

1. 能根据企业需求确定安全库存量，科学拟定采购计划；
2. 熟悉备件订货成单流程，包括库存补充件、客户预定件的订货程序，会运用汽车备件计算机管理系统生成备件订单传给备件供应商或汽车厂商备件部门并进行跟踪；
3. 知道汽车备件采购合同商谈签订的要点，会拟定汽车备件采购合同；
4. 会运用简单的方法鉴别汽车备件质量，具备初步识别假冒伪劣备件的能力。

任务描述

根据某企业的备件的订货周期及库存量制订出正确的订货计划，合理选择供货商，有效地完成汽车备件订货环节的操作，具体任务如下：

某汽车备件经销店A对于某型号机油滤芯前6个月的销售量（单位：个）分别为：28、32、30、28、36、26，该经销店订货周期和到货周期均为1天，安全周期为3天，零件在途数量是1个，现有库存数是1个，试确定该机油滤芯的标准库存数和建议订货数，并通过计算机备件订货系统模拟完成订货、采购各环节。

学习引导

本学习任务沿着以下脉络进行学习：

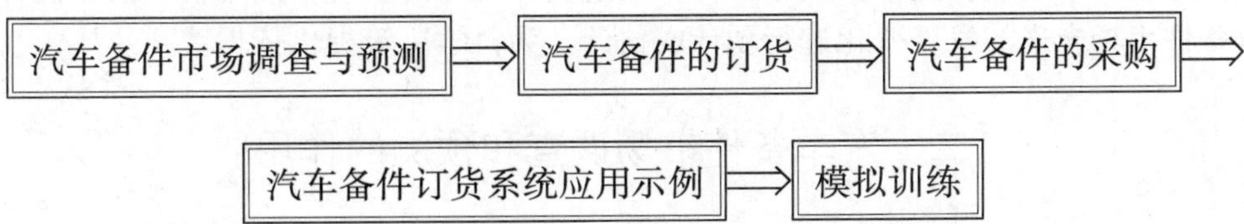

单元一　汽车备件市场调查与预测

单元要点

1. 汽车备件市场调查与预测的概念、作用；
2. 汽车备件市场调查的方式、步骤与方法；
3. 汽车备件市场需求的预测方法。

相关知识

备件订货是汽车备件管理的重要一环。订货员应注重培养自己的职业敏感性，及时了解汽车及备件市场信息，对市场进行准确的调研和预测，为制订备件订货计划提供现实依据，并将有关信息反馈备件供应商汽车厂商备件科。

一、汽车备件市场调查与预测的概念

1. 市场的概念

一般认为市场有以下含义：

（1）市场是商品交换的场所。

（2）市场是某种或某类商品的需求量。

（3）市场是商品供求双方相互作用的总和。

（4）市场是商品流通领域反映商品交换关系的总和。

2. 汽车备件市场调查

汽车备件市场调查是应用各种科学的调查方式方法，搜集、整理、分析汽车备件市场资料，对汽车备件市场的状况进行反映或描述，以认识汽车备件市场发展变化规律的过程。

3. 汽车备件市场预测

汽车备件市场预测是根据汽车备件市场过去和现在的表现，应用科学的预测方法对汽车备件市场未来的发展变化进行预计或估计，为科学决策提供依据。

二、汽车备件市场调查和预测的作用

1. 为制订合理的汽车备件采购与仓储计划提供科学依据

市场需求是变化的，汽车备件采购与仓储也需要随着市场需求的变化而变化。通过汽车备件市场调查与预测，可以为汽车服务企业制订合理的汽车备件采购与仓储计划提供科学依据。

2. 是汽车备件仓库设计决策的必要条件

对于在建的汽车服务企业，无论是汽车备件销售公司、汽车综合维修公司，还是汽车服务4S店，其汽车备件仓库设计的基础都是汽车备件市场调查与预测的结果。因此，进行市场调查与预测是汽车备件仓库设计决策的必要条件。

3. 对促进和满足汽车备件消费需求有显著作用

对于汽车服务企业而言，合理的汽车备件仓储可以促进汽车备件消费需求的增长，稳定客户群，减少客户流失率。

4. 对提高汽车服务企业资金使用效率与效益提供强力支撑

汽车备件管理的使命是最大限度的及时满足用户需求和优化库存带来的低库存金额，以获得良好的营业收益。汽车备件占用汽车服务企业流动资金的相当大部分，对于汽车备件销售公司来说，汽车备件占用了流动资金的大部分，在汽车服务4S店中，存货主要包括新车和汽车备件两个部分，占用了汽车服务4S店的大部分流动资金。因此，优化库存对提高企业的资金使用效率与效益有重要的现实意义，而要做到这些，必须要进行汽车备件市场调查，并在此基础上进行准确的市场需求预测才能实现。

三、汽车备件市场调查的方式与步骤

1. 准备阶段

开展汽车备件市场调查需要进行如下准备工作：

（1）确定调查目的与内容。

（2）组织市场调查精干队伍。

（3）调查方案策划与调查表格设计。

（4）确定调查方法。

（5）制订调查经费预算。

2. 搜集资料阶段

（1）调查对象。汽车备件市场调查对象一般有汽车生产商、汽车交易市场、汽车4S店、汽车租赁市场、二手汽车市场、汽车行业协会、公安车辆管理所、汽车购置税征收机构等，以及汽车媒体和国家统计公布的数据。

（2）调查方式。

①定点专访——专访公安车辆管理所、车辆购置税务机关，合理使用不涉及公民私人信息以及社会实体的车辆档案信息。

②大样本调查——向社会公众进行调查，了解公众对汽车备件需求的信息。

③小组座谈——邀请车主、汽车维修员工、汽车备件经营商户等方面的代表进行座谈，了解其对汽车备件需求、使用等方面的信息。

④汽车服务4S店销售服务数据统计。

3. 市场调查研究阶段

（1）鉴别资料——对市场调查所得的信息进行鉴别，以获得有用的信息。

（2）整理资料——对有用的信息进行分类整理，并列制填写各种图表。

（3）统计分析——对经过分类整理的有用的信息进行数理统计分析，以获得具有统计学意义的调查数据。

（4）定性研究——根据调查获得的调查数据进行定性研究，为调查报告的撰写作准备。

4. 市场调查报告撰写阶段

汽车备件市场调查报告是调查工作的最终成果。调查报告的撰写要客观完整、重点突出、紧扣主题、简明扼要、层次分明。

汽车备件市场调查报告应包括以下内容：

（1）前言：调查目的、调查资料来源及调查经过、调查方法和技术的概述以及必要的谢词等。

（2）正文：对调查任务的说明，用于对调查结果进行阐述的各种分析图表和数据，及对策建议等。

（3）附件：调查项目负责人及主要参加者的名单、专业特长及分工，数据处理方法及所用软件等，引用的公开发表的政府机关文件、报告、协会发表的各种数据等。

四、汽车备件市场调查的方法

汽车备件市场调查的方法可以分为间接调查法和直接调查法。

（一）间接调查法

间接调查法指的是从各种文献档案中获取资料的方法，通常间接调查所获得的都是二手资料，一般又把间接调查法称为二手资料调查法。间接调查法的主要优点表现为：获取信息所需的时间和费用较少；不受时间和空间的限制；间接调查收集的资料，不受调查人员和被调查者的主观因素干扰，反映的信息比较客观、真实。其缺点表现为：间接调查所获取的信息时效性差；间接调查的信息很难与调查活动要求一致，需要进一步的加工处理；间接调查的资料分析处理的难度相对较大。

间接调查的资料来源主要是企业内部资料及外部资料。内部资料来源于企业的会计数据、各管理部门提供的相关资料（如进货统计、销售报告、库存动态记录等）以及其他各类记录。外部资料主要来源于政府机构、行业协会、信息咨询机构、图书文献等的一些统计资料。由于间接调查所获得的是二手资料，所反映的信息时效性不强，而且还需要进行一定的加工处理，因此在企业的实际调查过程中，一般不常用这种方法，只是把它作为一种辅助的调查方法。在汽车备件市场调查中常用的是直接调查法。

（二）直接调查法

直接调查法是指通过实地调查收集资料、获取信息的一种方法。直接调查法所获取的都是一手资料，时效性非常强，更能反映真实的市场情况。直接调查法主要又包括访谈法、观察法、实验法三种方法。其中访谈法又是被广泛运用的一种调查方法。

1. 访谈法

访谈法是通过直接或间接问答的方式来收集信息的方法，是汽车备件市场调查最常用的方法。通过这种方法，调查人员可以灵活地提出各种设计好的问题，通过被调查人员对问题的回答来收集信息，针对性强。访谈法的具体方式又可以分为问卷调查、面谈调查、电话访谈调查。

（1）问卷调查。问卷调查是目前汽车企业中广泛采用的调查方法，即根据调查目的设计好各类调查问卷，然后采取抽样的方式确定调查样本，通过调查员对样本的访问，完成事先设计的调查项目，最后由统计分析得出调查结果的一种方式。问卷调查的成功与否关键取决于问卷的设计是否合理。

①问卷的设计原则。问卷的设计应具备下面8个方面的原则：紧扣调查的主题；上下连贯，问题间要有一定的逻辑性；设计被调查者愿意回答的问题；被调查者回答问题要方便；问题要有普遍性；问题界定要准确；问题不应带有引导性；便于整理统计与分析。

②问卷的基本结构。

a. 问候及填写说明。应以亲切的口吻问候被调查者，使被调查者感到礼貌、亲切，从而增加回答问题的热情。简要说明填写要求，以提高调查结果的准确性。

b. 调查内容。即问卷的主体部分。

c. 被调查者基本情况。包括被调查者的性别、年龄、职业、文化程度等，根据调查需要，选择性列出，其目的是便于进行资料分类和具体分析。

③问卷的提问技术。

a. 封闭式提问。封闭式提问是指在问卷中已拟定了各种可能的答案，被调查者只能从中选择。这种提问方式的优点是被调查者回答容易，所得资料较为准确，因而成为目前进行问卷调查中提问的主要方式。

b. 开放式提问。开放式提问是指调查的问题不列出答案，由被调查者根据自己的体会或看法随意填写。其优点是设计问题容易，并可以得到被调查者建设性的意见。缺点也非常明显，被调查者不易回答，而且受被调查者文化水平、态度等的影响，有可能得不到准确的信息。

（2）面谈调查。面谈调查是调查人员与被调查人员进行面对面的谈话，从而获得信息的一种方法。这种方法的最大特点是调查灵活、调查的信息全面、调查的真实性较强。面谈调查可以是个人访谈，也可以是集体座谈。

（3）电话访谈调查。电话访谈调查是调查人员通过电话交谈来了解顾客意见的一种方法。例如打电话定期询问顾客对汽车销售企业服务的感觉如何，有什么需要改进的方面等。

2. 观察法

观察调查法是调查者在现场对被调查者的情况直接观察、记录，以取得市场信息资料的一种调查方法。在观察时，调查人员既可以亲临现场，也可以利用照相机、录音机、摄像机等设备对现场情况作间接的观察，以获取真实信息。运用观察法收集资料的优点在于，调查人员与被调查者不发生直接接触，这种情况下，被调查者的活动不受外在因素的影响，处于自然的活动状态，行为真实，因而获取的资料会更加反映实际。但观察法的缺点是，不容易观察到被调查者的内心世界，不易了解内在的东西。有时需要作长时间的观察才能得出结果。

观察法在汽车市场的调查中，也运用得比较广泛，例如车型保有量的观察、汽车营销展厅的现场观察、车辆库存观察等。

3. 实验法

实验法是指在汽车市场调查中，将调查范围缩小到一个比较小的规模上，进行试验后取得一定结果，然后在推断出总体可能的结果，通过实验对比来取得市场信息资料的调查方法。具体做法是：从影响调查对象的若干因素中先选出一个或几个因素作为实验因素，在其他因素处于不变的条件下，了解实验因素变化对调查对象的影响。实验完成后，还需用市场调查方法分析这种实验性的推销方法或产品是否值得大规模的推行。这种调查方法的优点是比较科学，具有客观性；缺点是实验的时间可能较长，成本高。

上面讲述了关于汽车备件市场调查的多种方法，在实际的调查过程中，应该根据调查的目标、调查的内容等因素来选择其中最适合的调查方法。

五、汽车备件市场需求的预测方法

市场需求预测的方法分为两大类，一类是定性预测法，即质的预测方法；另一类是定量预测法，即量的预测方法。前者容易把握事物的发展方向，对数字要求不高，能节省时间，费用小，便于推广，但往往带有主观片面性，数量不明确；后者则相反。人们在实际预测中，往往运用两种方法相结合的方法，即定量预测结论必须接受定性预测的指导，唯有如此，才能更好地把握汽车备件市场的变动趋势。

（一）定性预测法

1. 定性预测方法简介

定性预测方法又称为判断分析预测法，它是由预测者根据所拥有的历史资料和现实资料，依据个人经验、知识和综合分析能力，对未来的市场发展趋势作出估计和测算的预测方法。从本质上来讲，它属于质的分析的预测方法。定性预测方法比较适合用来对预测对象未来的性质、发展趋势和发展转折点进行预测，适合于数据缺乏的预测场合，如技术发展预测、处于萌芽阶段的产业预测、长期预测等。定性预测的方法易学易用，便于普及推广，但它有赖于预测人员本身的经验、知识和技能素质。不同的预测人员对同一问题的预测结论，往往会有较大差别。

2. 常见的定性预测方法

（1）德尔菲法。该种方法是在20世纪40年代末由美国兰德公司（LAND）首创并使用的，是在西方发达国家广泛盛行的一种预测方法。至今，这种方法已经成为国内外广为应用的预测方法，它可以用于技术预测和经济预测、短期预测和长期预测。尤其是对于缺乏统计数据而又需要对很多相关因素的影响作出判断的领域，以及事物的发展在很大程度上受政策影响的领域，更适应用德尔菲法进行预测。这种方法是按规定的程序，采用背对背的反复函询方式。它的预测过程与营销调查的过程基本一致。首先，由预测主持人将需要预测的问题逐一拟出。然后，分寄给各个专家，请他们对预测问题逐一填写自己的预测看法。最后，将答案寄回主持人。主持人进行分类汇总后，将一些专家意见相差较大的问题再抽出来，并附上几种典型的专家意见请专家进行第二轮预测。如此循环往复，经过几轮预测后，专家的意见便趋向一致，或者更为集中，主持人便以此作为预测结果。由于这种方法使参与预测的专家能够背靠背地充分发表自己的看法，不受权威人士态度的影响，因而保证了预测活动的民主性和科学性。在采用德尔菲法进行预测过程中，选择专家与设计意见征询表是两个最重要环节，他们是德尔菲法成败的关键。德尔菲法的一般预测程序如图 2-1 所示。

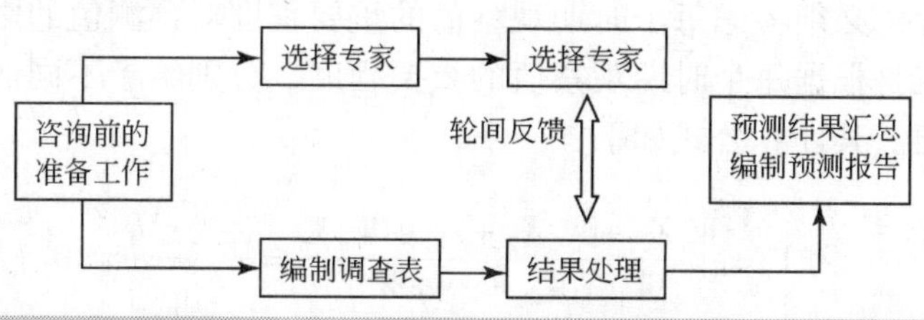

图 2-1　德尔菲法的预测程序

（2）集合意见法。集合意见法就是集合企业内部经营人员、业务人员等的意见，并凭借他们的经验和判断共同讨论市场趋势而进行市场预测的方法。由于经营管理人员、业务人员等对市场的需求和变化较为熟悉，因而他们的判断往往能反映市场的真实趋势。该种方法首先由预测者根据企业经营管理的要求，向研究问题的有关人员提出预测项目和预测期限的要求，并尽可能提供有关资料。然后，有关人员就根据预测的要求及所掌握的资料，凭个人经验和分析判断能力，提出各自的预测方案。接下来，预测的组织者计算有关人员预测方案的方案预测值，并将参与预测的有关人员进行分类，计算各类综合期望值，最后确定最终的预测值。

定性预测方法还有社会（用户）调查法（即面向社会公众或用户展开调查）、小组讨论法（会议座谈形式）、单独预测集中法（由预测专家独立提出预测看法，再由预测人员予以综合）、领先指标法（利用与预测对象关系甚密的某个指标变化对预测对象进行预测，例如通过对投资规模的监控来预测汽车需求量及需求结构）、主观概率法（预测人员对预测对象未来变化的各种情况作出主观概率估计）等。

（二）定量预测法

定量预测法是利用过去几个月发生的经营统计数据，运用一定的数学模型，通过计算与分析来确定市场未来发展趋势在数量上变动的预测方法。下面介绍常用的几种定量预测方法：

1. *算术平均法*

算术平均法是将过去几个月的实际观察数据相加求其平均值来进行预测的方法。

例如：某汽车备件经营店 2008 年 7 ~ 11 月的实际销售额见图 2-2。则：

12 月的预测销售额 = （11 + 14 + 9 + 7 + 9） ÷ 5 = 10（万元）

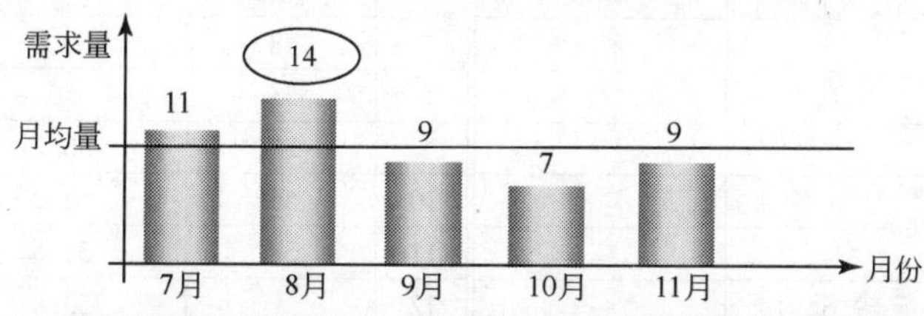

图 2-2　某汽车备件经营店 2008 年 7 ~ 11 月的实际销售额

2. 加权平均法

算术平均法无法反映经济形势对预测值的影响，从上例可知，由于受市场实际需求的影响，某汽车备件经营店2008年7~11月的汽车备件销售额波动较大，为了使预测值更加接近于实际，必须考虑每个时期观察值的重要程度对预测值的影响。

加权平均法就是根据每个时期观察值的重要程度，分别给予不同的权数，求出加权平均值作为预测值。其计算公式如下：

$$Y_t = \frac{W_1X_2 + W_2X_2 + \cdots + W_nX_n}{W_1 + W_2 + \cdots + W_n} = \frac{\sum_{i=1}^{n} W_iX_i}{\sum_{i=1}^{n} W_i}$$

式中：Y_t——第 t 期的预测值；

X_i——第 i 期实际值；

W_i——第 i 期的权数；

n——期数。

现仍用上例资料为例，设7月的销售额权数为1，以后各期的权数分别为2、3、4、5，则按加权平均法求得12月的销售额预测值为：

$$Y_{12} = (11\times1 + 14\times2 + 9\times3 + 7\times4 + 9\times5) \div (1+2+3+4+5) = 9.27 \text{（万元）}$$

3. 移动平均法

移动平均法是根据已有的时间序列统计数据加以平均化，以此预测未来发展变化趋势的方法。移动平均法可分为一次移动平均法、二次移动平均法和加权移动平均法三种。这里主要介绍前两种，前已介绍加权平均法，加权移动平均法与之有共同之处不再赘述。

（1）一次移动平均法。一次移动平均法是通过一次移动平均进行预测，它按选定段的大小，对已有的时间序列数据逐段平均，每次移动一个时段。具体做法就是把最后一期的移动平均值作为下一期的预测值。其计算公式如下：

$$Y'_{n+1} = \frac{1}{k}\sum_{i=n-k+1}^{n} Y_i$$

式中：Y'_{n+1}——$n+1$ 期的一次移动平均值；

Y_i——第 i 期的实际值；

k——移动跨期。

例如：某汽车备件商店2008年前11个月的销售额见表2-1。

某汽车备件商店2008年前11个月的销售额与预测值 表2-1

期数	实际销售额/万元	五期移动平均值/万元（$k=5$）	七期移动平均值/万元（$k=7$）	期数	实际销售额/万元	五期移动平均值/万元（$k=5$）	七期移动平均值/万元（$k=7$）
1	46			7	48	50.8	
2	52			8	51	50	49.71
3	50			9	57	50.2	50.14
4	47			10	55	52.2	50.85
5	53			11	58	52.6	51.57
6	52	49.6		12		53.8	53.14

现分别以 5 个月和 7 个月作为移动跨期，预测第 12 个月的销售额。计算结果列于上表。

当 $k=5$ 时，第 12 个月的预测值为 53.8 万元；当 $k=7$ 时，第 12 个月的预测值为 53.14 万元。比较两个移动跨期所得曲线可知，当 k 取值大时，预测值的趋势性较为平稳；而 k 取值小时，预测值反映的实际趋势较敏感且预测值起伏比较大。因此，k 的取值应视经营实际情况确定。

（2）二次移动平均法。二次移动平均法是在一次移动平均法的基础上，采用相同的 k 值，对一次移动平均值再作一次平均移动，从而获得时间序列数据的明显线性趋势。

二次平均移动法的计算公式如下：

$$Y''_{n+1}=\frac{1}{k}\sum_{i=n-k+2}^{n+1}Y'_i$$

式中：Y''_{n+1}——$n+1$ 期的二次移动平均值；

Y'_i——i 期的一次移动平均值；

k——移动跨期。

仍以上例列表的数据为例，设 $k=3$，用二次移动平均法进行预测，结果见表 2-2。

二次移动平均法预测结果　　表 2-2

期数	实际销售额/万元	一次移动平均值/万元（$k=3$）	二次移动平均值/万元（$k=3$）	期数	实际销售额/万元	一次移动平均值/万元（$k=3$）	二次移动平均值/万元（$k=3$）
1	46			7	48	50.6	49.6
2	52			8	51	51	50.07
3	50			9	57	50.3	50.53
4	47	49.3		10	55	51.3	50.70
5	53	49.6		11	58	54.3	50.87
6	52	50		12		56.7	51.97

从表 2-2 数据可知，用一次移动平均法预测的数值有较大的起伏，而二次移动平均法预测的数值起伏较小，呈现出明显的线性趋势。

上述方法为预测汽车备件市场需求提供了基本的方法，但是从几种方法的运用情况看，与其实际发生的销售额仍有一定的偏差，因此，使用时应根据影响市场的多种因素对预测值进行必要的调整。

市场调查示例附件

经济型轿车市场表现

自 2002 年以来，我国轿车市场的增长速度就基本维持在较高的水平上，2008 年的下半年情况才有所变化。而经济型轿车的市场表现却是跌宕起伏，期间有远远落后总体轿车市场大势的 2005 年和 2007 年，也有以近五成的狂飙突进式增长的 2006 年，2008

年上半年，经济型轿车市场似乎终于回到了正轨，市场的增长基本保持了与轿车总体市场增长的同步。原因是到2008年，以中级和经济型轿车消费为主力的家用轿车市场还在不断扩大，并在轿车市场中的份额越来越大，而中高级轿车市场增长放缓则与上半年大灾频发，政府支出发生结构性的调整有关。三季度后，经济型轿车市场的增长又渐渐落后于轿车整体市场的增长，经济型轿车市场的下滑远远快于中级轿车市场，导致经济型轿车市场前三季度总体来看的增长与轿车整体市场差距进一步拉大（图2-3）。

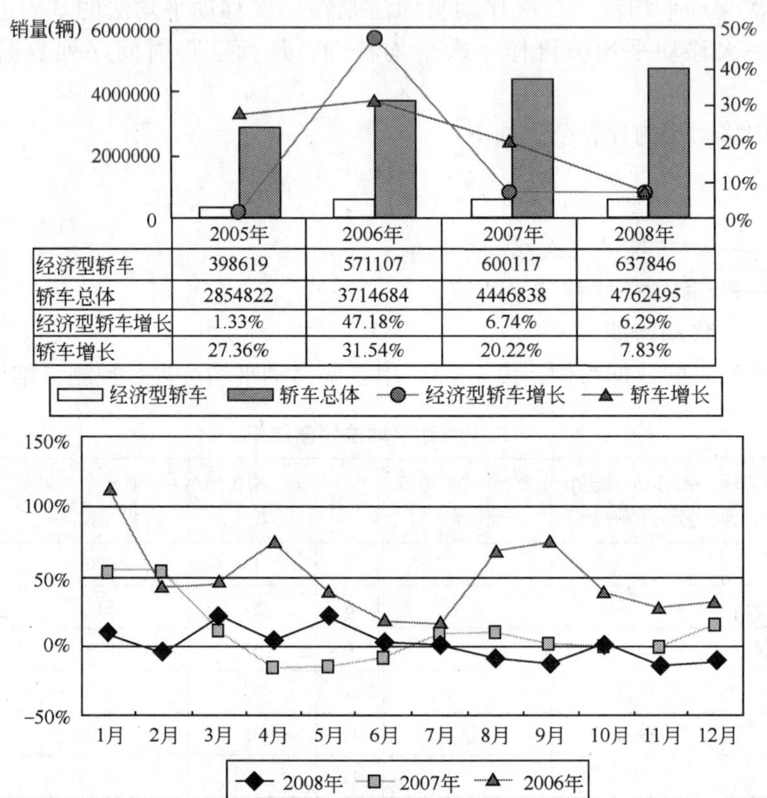

	2005年	2006年	2007年	2008年
经济型轿车	398619	571107	600117	637846
轿车总体	2854822	3714684	4446838	4762495
经济型轿车增长	1.33%	47.18%	6.74%	6.29%
轿车增长	27.36%	31.54%	20.22%	7.83%

图2-3　经济型轿车销售表现图示

a)2005～2008年轿车总体市场及经济型轿车市场销量对比；b)2006～2008年经济型轿车逐月销量增长率对比

2008年第四季度，经济型轿车市场同轿车总体市场一样十分低迷，尽管油价大幅回落，但源于美国的次信贷危机造成的全球性经济下滑，使得经济型轿车市场不但没有改善，反而雪上加霜。目前导致轿车市场低迷最根本的原因是人们的信心不足，也就是对收入预期和未来现金流的预期严重缺乏信心，导致人们只能紧捂钱袋，不敢轻易出手。导致人们对未来收入不敢乐观的原因很多，如股市的持续低迷，楼市的疲态日显等，国际国内经济形势的恶化也致使人们对短期内收入的高位维持或持续增长缺乏一定的信心。

从2008年逐月销量来看，经济型轿车市场也是动荡不定的。一季度经济型轿车表现较强，1、3月份都同比增长，2月份小幅负增长，原因为2月份南方广大地区的暴雪天气一度使交通、生产、销售等工作陷入几近瘫痪的状态。到4月份，经济型轿车恢复了较为平稳的增长，但5月份增长的势头并没有受到西南地震的影响而放缓，反而又有所加快，到6月份，和历年一样，增长速度急转而下，回落到个位数。从销量来看，2008年上半年，经济型轿车市场走势和历年相比，只有在2、4月份偏低。但可惜经济型轿车市场的良好势头被轿车市场的大势所打断，从2008年第三季度开始，由于8月的奥运效应，股市的持续大跌，国际金融危机的爆发，油价上涨效应的逐步显现，轿车总体市场呈现逐渐增速回落，甚至出现销量同比下降的态势。2008年三四季度经济级轿车市场的增幅又回落到了较低的水平上，7、10月份小幅增长，其他月份负增长。

单元能力检测

做一做：

请自拟一个关于汽车备件市场方面的调查项目，制订出具体调查方案并实施调查，完成调查报告。（如可对你所在城市的汽车美容养护用品销售情况做个调查。）

单元二　汽车备件的订货

单元要点

1. 备件订货员的岗位职责；
2. 制订备件订货计划；
3. 备件订货追求的目标；
4. 订货品种和订货量的确定；
5. 各类备件订货的程序及要点。

相关知识

一、汽车备件订货员的岗位职责

汽车备件订货是一项专业性很强的工作，汽车备件订货的好坏直接影响到备件整体流程能否顺利进行。汽车备件的订货工作主要由备件计划员即订货员完成，备件订货员应具有高度的责任感及敬业精神，熟悉备件订货流程，努力钻研订货业务知识，不断积累备件订货经验，千方百计保证备件供货。备件订货员的主要岗位职责是：

（1）订货员应与厂家、供货商保持良好的供求关系，了解掌握市场信息，培养职业敏感性，对市场及订货进行预测，并将有关信息反馈备件供应商或厂商备件科。

①关注掌握企业经营影响区域内的品牌车辆的市场占有情况，主要来源是外部媒体和内部资料。掌握本区域内整车保有量的变化、用户类型（出租车、私家车和公务车）、车辆使用情况。

②掌握企业自身销售部门的销售能力、销售特点和销售趋势，主要来源通过内部的销售数据。

③掌握企业自身售后维修客户的实际保有量、客户流失率、车型分布、使用年限和行驶公里数、维修技术特点以及品牌部的维修技术要求。

④熟悉哪些备件具有季节性销售特质，掌握该备件是否新零件、停产件，关注备件的质量信息反馈等。

⑤及时汇总收集品牌公司备件编号、技术、价格、更改信息，并反馈至备件经理。

（2）科学制订备件订购计划，并向厂商发出备件订单开展备件订货工作。

①掌握备件的现有库存和安全储备量，适时作出备件的采购计划和呆滞备件的处理方案，熟悉维修业务对备件的需求，确保业务的正常开展。

②按月做好备件计划和订货工作，并根据生产需要做好紧急订货工作，不得违反品

牌的有关规定，不得无故推迟、延期备件的订货以及计划的编制，要求做到供应不脱节。

③制定采购单，清楚说明采购备件数量、名称、编号，报备件经理批准后采购。

④熟练运用备件管理系统完成备件查询、订货、入库等工作。备件计划员应能根据备件安全库存缺省信息，以及客户订购信息，及时订货，通过汽车备件计算机管理系统生成备件订单传给备件供应商或汽车厂商备件部门，订单上传后，随时跟踪订单的处理状态，直至备件到货，确保备件的正常供应，协调解决顾客急需的备件。

（3）及时做好备件的入库工作，以实收数量为准，打印入库单。负责备件相关的财务核算及统计工作。

（4）根据供应和经营情况，适时作出库存调整计划，负责做好入库验收工作。对于购入备件质量、数量、价格上存在的问题，作出书面统计，并监督采购人员进行异常处理。

（5）协助部门经理贯彻执行备件仓库管理制度，完成公司领导交办的其他任务。

二、备件订货计划的制订

科学制订订货计划是备件订货员很重要的一项工作。备件订货员制订一份准确的备件订货计划，下订单之前必须对各零件现有的库存情况、销售情况有足够的了解。订货信息首先来自销售报表，分析零件的销售历史、销售趋势，并结合仓库的库存状态作出订货计划。订货计划在经过审批后按订货日历发出。制订备件订货计划中选择品种时应该关注以下主要信息：

（1）本企业经营影响区域内的品牌车辆的市场占有情况，主要来源通过外部媒体和内部资料。

（2）本企业销售部门的销售能力、销售特点和销售趋势。

（3）本企业售后维修客户的实际保有量、客户流失率、车型分布、使用年限和行驶公里数、维修技术特点。

（4）了解最新的维修技术要求。

（5）掌握本企业的备件库存结构、备件销售历史、销售趋势。

（6）是否是新零件、停产件。

（7）是否常用件、易损件，是否具有季节性特点，当月是否有促销活动。

（8）备件的质量信息。

（9）备件是否有替换件。

（10）是否有缺件，注意在备件管理系统上查询缺件备件，正常订单的缺件是潜在库存，订货时要加以考虑，避免重复订货。

（11）备件的供货周期及交货时间、交货品种、交货数量误差。

（12）节、假日的供货影响。

三、汽车备件订货追求的目标——良性库存

备件订货追求的目标是“良性库存”，即以最合理的库存最大限度的满足用户的需求。具体来说良性库存就是在一定时间段内以最经济合理的成本，取得合理的备件库存结构，保证向用户提供最高的备件满足率。备件计划员应该不断完善、优化库存结构，保持经济合理的备件库存，向用户提供满意的服务，才能赢得用户的信赖，争取最大的市场份额，获得最大的利润，保证企业的长久发展。

如何做到“良性库存”？汽车备件销售的随机性很大，客户何时需要什么备件很难预测，而一辆汽车的零件总数超过几十万个，不可能所有的零件都有库存，降低库存量和资金占有量与提高备件供货率之间是一对矛盾，作为汽车备件经销商，关键在于如何处理好“用最经济合理的成本，取得最大的经济效益”与“提供最高的备件供货率，不丧失每一个销售机会”的矛盾。备件供应率和存储成本是衡量存货管理水平的标志，库存成本包括订购成本（采购费、验收入库费）和储存成本（占用资金利息、仓库管理费、罚金）。订货时间过早，存货必然增加，使存储成本上升；订货时间过晚，存量可能枯竭，缺货成本上升。订货数量过多，资金必然被挤占，并将增加存储耗费；订货量过少，备件将会短缺，并要增加订购耗费。由上分析可知，库存的存在是对资源和资金的占用，然而为了有效防止或缓解供需矛盾，库存又必须存在，提高库存管理水平，制订正确的存货决策，其关键是寻找能保证企业发展需要的物资供应最合理的（而不是最低的）库存成本，库存与费用的关系曲线如图 2-4 所示。一般的要提高备件供货率，必须增加库存量，但库存什么备件（库存宽度）、库存多少（库存深度）？通常根据以往的销售记录和近期的市场反馈信息来确定库存备件品种的变化、库存量的大小；订购要适时、适量，从而保证企业的生产、维修和销售顺利进行。

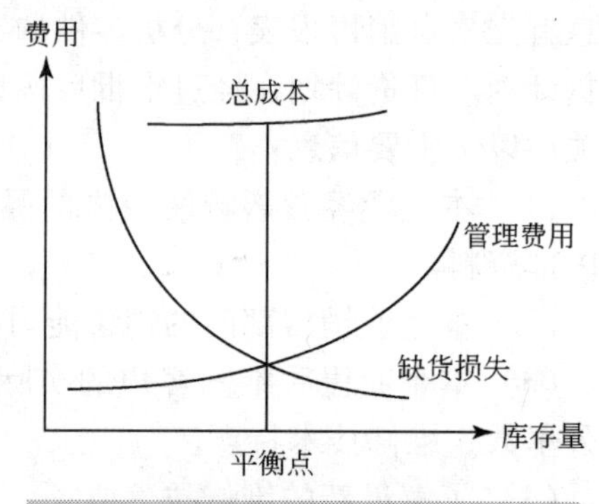

图 2-4 库存与费用的关系曲线

四、订货品种和订货数量的确定

良性库存的实现一方面提高了零件供应率，另一方面减少了库存、提高了收益。具体做法总结起来就是“精简库存”。实现良性库存的关键在于依据零件的特性和流通等级确定好库存哪些备件和每种备件库存多少，从而确定订货的品种和数量。

（一）汽车备件流通等级的确定

1. 汽车备件流通等级的确定方法

汽车备件的流动具有明显的偏向性，最大的销量往往只集中在较少的品种当中，如丰田汽车的零件编号约有 30 万件，接到零件订货项目的 90% 集中在 3 万个零件号中，

这3万个零件通常被称为快流件；接到零件订货项目的7%集中在7万个零件号里，这些零件称之为中流件；剩下的3%订货项目是20万个无库存零件号中发出的，这些零件称之为慢流件，如图2-5所示。

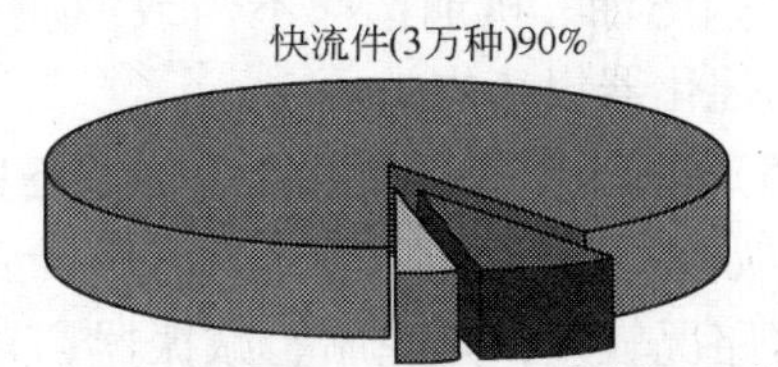

图2-5 丰田公司汽车备件库存件及其销量分布

汽车备件的流通等级是指汽车备件在流通过程中的周转速度，反应了汽车备件在流通过程中周转速度的快慢程度，一般分为快流件、中流件和慢流件三级，这三个级别的等级确定不同公司可能有不同分法。如雪铁龙公司把连续三个月经常使用的消耗性零件及周转性较高的产品称为快流件（也称A类件），把连续六个月内发生，但又属于周转性次高的产品称为中流件（B类件），把一年内属偶发性的产品或由于各种原因不利于周转的产品称为慢流件（C类件）；有些企业把易磨损和易失效的零件或材料作为快流件，如离合器片、制动器片、制动总泵/分泵、橡胶密封件、三格滤清器、机油、轴承、油封、大小轴瓦、大修包、消声器、排气管、高压泵、柱塞、出油阀、前风窗玻璃、密封条、前后灯具、水箱、冷却散热网、万向节十字轴、刮水片、火花塞、断电触点等；有些零件经销商则是根据本公司备件销售量来区分快流件、中流件和慢流件，如把年销售量在25件以上的零件作为快流件，把年销售量在6~24件的零件作为中流件，而把年销售量在1~5件的零件作为慢流件。根据相关统计结果表明，占零件总数仅10%的快流件的销售收入占销售总额的70%，占零件总数20%的中流件的销售收入占销售总额的20%，而占零件总数70%的慢流件的销售收入仅占总销售额的10%，可见，企业库存零备件的30%，就可以保证获得90%的销售收入。所以，应该库存快流件和中流件，其中快流件不能缺货，需要有安全库存。实际工作中我们可运用ABC管理法对备件进行分级管理，ABC管理法又称重点管理法或分类管理法，它是一种从错综复杂、名目繁多的事物中找出主要矛盾，抓住重点，兼顾一般的管理方法。汽车备件管理采用ABC管理法，也就是我们要对销量大但品种较少的快流件（A类件）进行重点管理，对销量一般但品种相对较多的中流件（B类件）采取次要的管理，对销量很小但品种很多的慢流件（C类件）可不重点管理，但并不是说对此类不进行管理了，而是要采取行之有效的管理办法，如建立可靠快捷的供货渠道、科学合理的订货原则、高效数据统计分析等。

2. 影响备件流通级别的因素

零件的流通级别不是一成不变的，快流件可能会变成中流件，甚至变成慢流件；而中流件和慢流件在一定时期内可能变成快流件。影响和决定零件流通级别的因素是多方面的，主要有以下几点：

（1）车辆投放市场的使用周期。一般车辆使用寿命为10年，前2~3年零件更换少，中间4~5年是更换高峰期，最后1~2年更换又逐渐减少。

（2）制造、设计上的问题。材料选择不当、设计不合理，如日本三菱汽车公司生产的帕杰罗V31型、V33型越野汽车就曾因制动器输油管的设计问题，导致不少人身伤害交通事故。

（3）使用不合理。如某种汽车设计是用于寒冷地区，如果把它用于热带地区就容易出现故障，造成相关零件损坏。

（4）燃油、机油选择不当或油质有问题，也会影响零件寿命。如使用不洁燃油易使三元催化器损坏失效。

（5）道路状况。如地处山区、丘陵，则制动系备件的库存量应在正常基础上有所提高；如位于矿区，则空气滤清器、活塞、活塞环等发动机备件库存量应适当提高；如本地区路况较差，则轮胎、减振器、悬架等备件应准备充分。

（6）季节性。夏季来临时，冷却和空调制冷系统备件应多储备；冬季来临前，点火、起动系统备件要准备充足。

因此，在备件订货时我们要充分考虑零件流通等级的影响，科学制订订货计划。

（二）订货品种的确定

订货品种的确定取决于库存的项目数，也就是库存宽度的确定，即确定库存的最大项目数，这可通过考察零件需求的历史记录，发现零件需求的某些规律，确定需要库存的零件范围。要确定库存的零件范围，首先得了解备件各生命周期的特点。

任何零件都会有增长、平稳、衰退的生命周期，如图 2-6 所示。

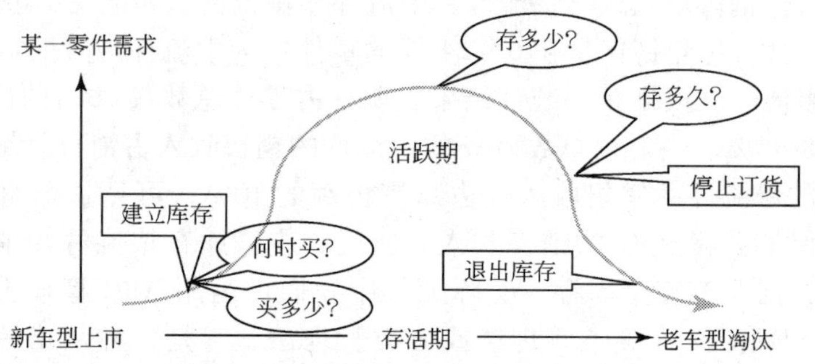

图 2-6　零件生命周期图

针对零件生命周期不同阶段的特点，有的放矢地进行库存管理，将是控制好库存宽度的重要课题。不同状态的零件项目应采取不同的零件管理原则：零件在增长期的项目属非库存管理项目，应采取需一买一的原则；零件在平稳期的项目属库存管理项目，应采取卖一买一的原则；零件在衰退期的项目属非库存管理项目，应采取只卖不买的原则，如图 2-7 所示，这样才能在保证最大零件供应率的同时，降低库存金额。

其中，管理库存品种的核心工作就是要确定“建立库存”和“报废”的时点，建立库存指伴随新车型的上市，原非库存零件开始进行库存管理的时点，报废指伴随老车型逐渐从市场中淘汰掉，原库存零件不再进行库存管理的时点，即这两点内的零件项目就是我们需要进行库存管理的项目，这两点外的项目就是我们不需要库存管理的项目。为此要制订相应的 Phase-in（建库零件）和 Phase-out（呆滞零件）管理，各经销店可以通过从零件需求的历史记录中统计出来的月均需求（*MAD*）和需求频度，发现零件需求的规律，从而确定需要库存的零件范围，如表2-3所示。

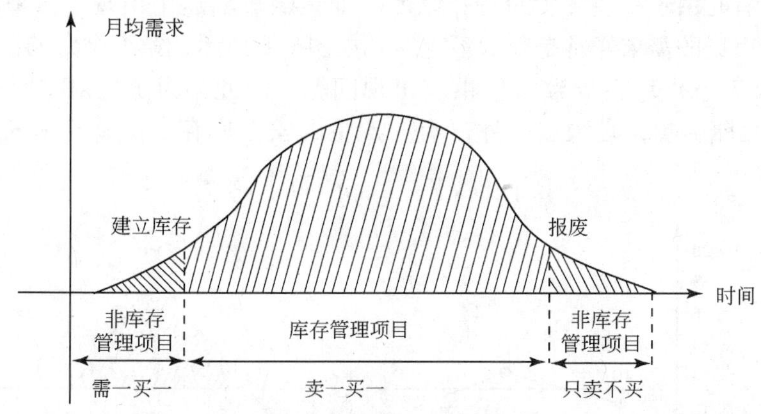

图2-7 库存状态对应方法

库存宽度的确定 表2-3

	增长期			平稳期	衰退期	
月均需求	少	较多	较多	多	少（短期）	少（长期）
需求频度	低	低	较高	高	低（短期）	低（长期）
库存状态	不库存	不一定	建立库存	库存管理	停止库存试验	

（三）订货量的确定

订货量的确定取决于库存深度的确定，库存深度是针对每个零件件号，在考虑订货周期、在途零件和安全库存的前提下，保证及时供应零件的最大库存数量MIP，也称零件的标准库存量 *SSQ*，因此，库存深度的确定是决定库存多少的问题，依此确定订货量。

1. 标准库存量 *SSQ*（Standard Stock Quantity）的确定

推荐标准库存量计算公式如下：

$$SSQ = MAD \times (O/C + L/T + S/S)$$

式中：*SSQ*——标准库存量；

MAD——某备件月均需求；

O/C——订货周期；

L/T——到货周期；

S/S——安全库存周期，根据到货周期和市场波动设定。

（1）月均需求 *MAD* 的确定。通常建议采用前6个月的每月需求量来计算月均需求，含常规的 *B/O*（客户预定）和 *L/S*（流失的业务）需求。

（2）订货周期 *O/C* 的确定。订货周期指相邻的两次订货所间隔的时间，单位为月，如订货周期为两天，则 $O/C = 2/30 = 1/15$（月）。

（3）到货期 *L/T* 的确定。到货周期指从备件订货到搬入仓库为止的月数，单位为月，如到货周期为6天，则 $L/T = 6/30 = 1/5$（月）。

（4）安全库存周期 S/S 的确定。安全库存周期主要受到货期延迟和特殊需求两个因素影响。如有时由于一些突发的特殊原因（如运输车辆途中出现了故障）导致推迟到货期，或因市场的需求经常是起伏不定的（如图 2-8 所示，第五个月的需求是 18 个，超出月均需求 7 个）均会导致备件供应出现问题，因此，为了应对“货期延迟”和“特殊需求”两种影响，必须在仓库保有一定量的安全库存。图 2-9 为安全库存公式图解。

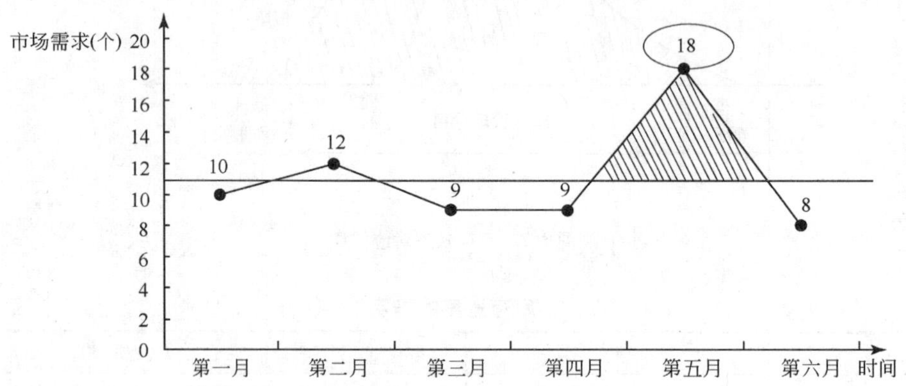

图 2-8　市场需求起伏不定示意图

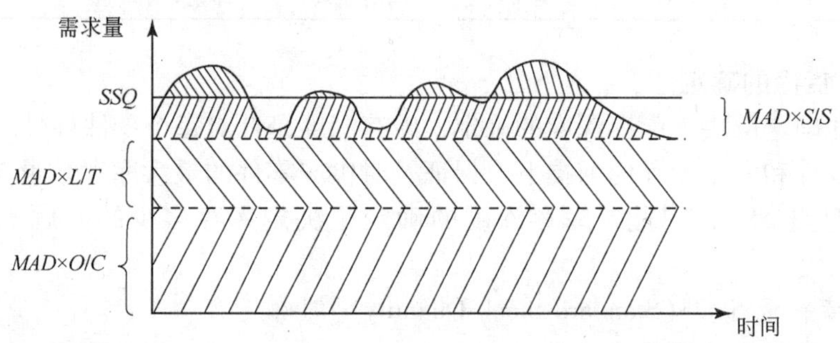

图 2-9　安全库存公式图解

一般安全库存周期建议 $S/S=(L/T+O/C)\times 0.7$，则安全库存 = 月均需求 × 安全库存周期。

一个备件的最佳库存量是多少？库存量小了，不能保证及时供货，影响顾客的使用和企业的信誉；库存量大了，资金占有量增加，资金周转慢，影响企业的经济效益。因此，制定最低安全库存量很重要，而影响最低安全库存量的因素有：

（1）订货周期。国外订货周期一般为 2 ~ 3 个月（船运期货 3 个月，空运订货 15 天左右），但空运件的价格是船运的 2 倍；国内订货周期则因地而异。

（2）月平均销量。必须掌握某种备件近 6 个月的销量情况。

（3）备件流通级别。如丰田公司建议快流件的最低安全库存量为前 6 个月销量，中流件和慢流件的最低安全库存量为前 3 个月销量。

2. 订货量 *SOQ* 的确定

（1）订货原则。建议采取大—大订货原则，这是在丰田供应体制下推行的一种订货方式，它实行频繁的、周期性的、小批量的订货和发货，即采取每天订货的方式，使用大—大原则进行零件库存补充管理，需要在每次订货时点发出订货单，这就可以减少零件库存深度，通过按时订货，不断补充库存到最大库存量（图2-10）。此订货方式的好处是管理精度高，可减少安全库存天数，较小的每单订货数量，易于操作。

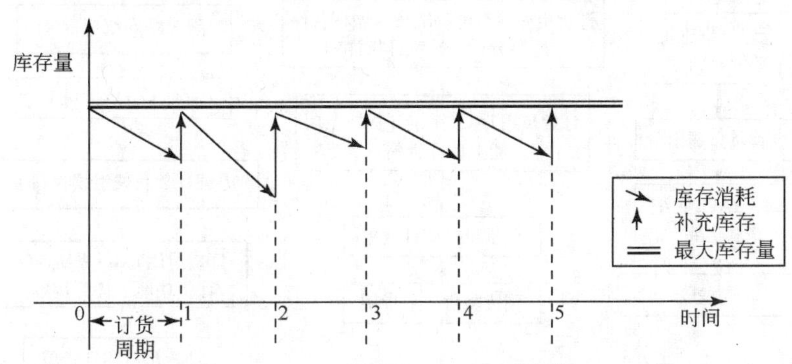

图2-10　大—大订货原则示意图

（2）订货量计算。推荐订货计算公式如下：

$$SOQ = MAD \times (O/C + L/T + S/S) - (O/H + O/O) + B/O$$
$$= SSQ - (O/H + O/O) + B/O$$

式中：*O/H*——在库数，指订货时的现有库存数量；

O/O——在途数，指已订货尚未到货的备件数；

B/O——客户预订数，指无库存、客户预订的备件数。

通过计算建议订货量，就能准确把握每项零件的订货数量，控制好库存深度。每个月实际订货根据备件实际库存量、半年内销售量及安全库存量等信息，由计算机根据上述公式计算出一份备件订货数量，备件计划员再根据实际情况进行适当调整。

例：某备件的月均需求如图2-8所示，每月订货两次，订货日为每月15日、30日，到货期1个月，在途数10个，在库数12个，客户预订数5个。试计算该备件订货数为多少？

解：由图可知该备件的月均需求 $MAD = (10 + 12 + 9 + 9 + 18 + 8)/6 = 11$（个），由题可知每月订货两次，故订货周期 *O/C* 为0.5，则：

$$订货量\ SOQ = MAD \times (L/T + O/C + S/S) - (O/H + O/O) + B/O$$
$$= 11 \times (1 + 0.5 + 1.5 \times 0.7) - (12 + 10) + 5 = 11(个)$$

五、汽车备件的订货程序

图2-11为某汽车公司备件订货流程，其根据库存情况把备件订货分为有库存情况、库存补充件订货及客户预订件的订购。

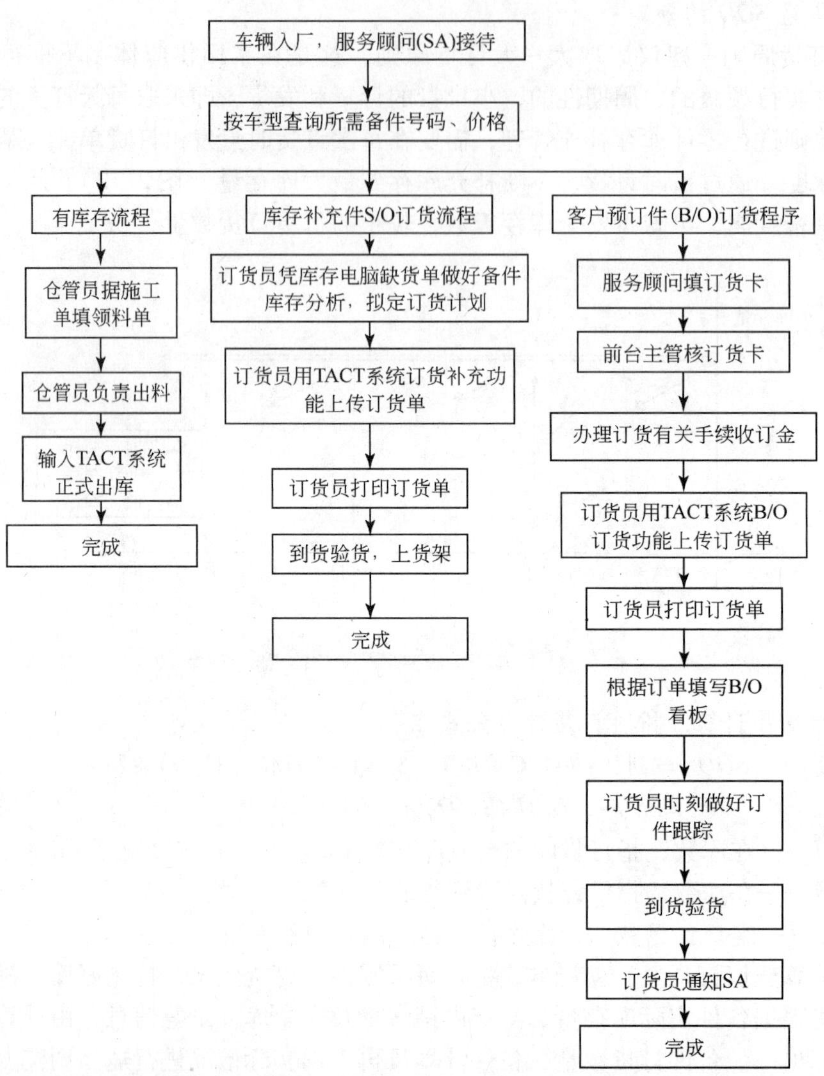

图 2-11　各类备件订货流程图

小贴士：订货流程中相关英文简称释义

SA：服务顾问的英文简称（Service Assistant）。

S/O 件：补充库存件。

B/O 件：客户预定件，当没有库存或库存不足的时候所发生的替客户做的追加订货件。

TACT 系统：丰田业务标准系统，具备车辆信息查询功能、销售功能、订货功能和入库功能等。

六、备件订货的相关规定

为更好地做好备件订货工作，各品牌经销店对备件订货环节都制定了相关规定，以下是丰田汽车公司对备件订货的相关管理规定。

1. 关于客户预订件 B/O 零件订单的管理规定

（1）零件仓库每天查看零件订单、对应到货情况，对未到货的零件应立即通知订货员，由订货员与发货商联系，落实零件的发货时间情况。

（2）订单生成后设专人管理，如有零件不能及时供应，产生 B/O 时订单专管员应按预计到货的时间进行管理。

（3）B/O 的订单与特别订货的订单应分开管理。

（4）B/O 的零件到货后应及时把标签贴到零件上，标签必须注明零件名称、车牌号、订货金额、到货时间、SA、联系电话等。

（5）B/O 的零件到货后应及时与前台 SA 联系，要有书面到货通知单，并要求 SA 把与客户联系的结果记录到通知单上。

（6）每周查看 B/O 的零件，对未取货的客户由零件部进行第二次通知，并确认大概取货时间，做好记录，每十天做 B/O 在库零件整理，报于服务经理。

（7）B/O 零件必须单独存放，以免把 B/O 零件作为正常库存销售。

（8）B/O 的订单应及时整理，对已提 B/O 订单应按日期排好单独存放，存放时间为 6 个月。

（9）订单如到货发生时间变更的情况，应由订货员及时通知 SA 或客户，说明可能到货时间，并用所制书面到货变更单及时下发于 SA。

（10）B/O 的订单在三个月以内未取，将作为正常库存进行销售，订金不能返还。

（11）客户订金收取标准：在国内发货交取零件全额的 30%，在国外发货交取零件全额的 50%。若未交付订金的零件并未取用，由签字订货的 SA 承担全责。

2. 关于特别订货零件 F/O 的管理规定

（1）诸如服务周、服务月等零件，视为特别订货零件，此零件在进行销售分析时不予以考虑。

（2）对于新车型无零件销售记录的，部分外观零件厂家建议作为初期库存视为特别订货。

（3）对服务周、服务月作为节前补充库存零件，订货员应在服务月或服务周即将开始前与服务经理协商，参照以往服务月或服务周情况下订零件数量。

（4）对于新车型特别补充订货时，由计划员根据销售数据资料，针对本地区的保有量，制订出初期库存补充的最初订货单，由零件主管审核后方可订货。

（5）特别订货的订货单一式三联（服务部、零件前台和零件仓库），由客户确认金额，数量准确无误后，签字确认，零件部根据返回一联进行再次确认，交由订货员订货。

（6）特别订货的零件如车未在厂，通过到货通知单及时通知 SA，并记录好客户大约来厂更换时间，做好预约工作。

(7) 特别订货零件出库时应仔细核对，该零件所贴标签资料是否与领料车牌相符，避免出错。

(8) 对于特别订货零件到期未取的零件，应再次通知SA与客户取得联系，约定下次维修时间，及时出库，避免造成死库存。

(9) 特别订货零件如客户在两个月内未取，应进行再次通知客户，并提醒客户如三个月内不取，我们有权处理所订零件。

(10) 特别订货零件三个月未取，应对此零件的车型，部位进行分析，如市场上有此车型，而且很有可能销售出去，将作为正常库存管理。

(11) 对于三个月未取的特别订货零件，如进行分析后，市场上此种车型已不多见，此件又不可能在六个月内销售出去，应督促客户尽快更换。

(12) 对于三个月未取的特别订货零件，如此车型在市场上有，但订购的零件基本没可能销售，应及时与各大保险公司联系，可以以低价出售。

(13) 对于三个月未取的特别订货零件，如此车型在市场上已没有或老款车型，应及时把传真发给外地备件商或修理厂进行降价处理，如还是无法销售，将在年底作为死库存处理。

单元能力检测

头脑风暴：

1. 备件订货追求的目标是什么？
2. 如何确定订货的品种和数量？
3. 库存补充件的订货程序是怎样的？
4. 如何确定备件的流通等级？

单元三　汽车备件的采购

单元要点

1. 汽车备件货源质量鉴别；
2. 汽车备件进货程序；
3. 汽车备件采购合同的签订。

相关知识

一、汽车备件进货质量的把关

（一）汽车备件进货的原则

汽车备件进货应遵循的原则：

（1）坚持数量、质量、规格、型号、价格综合考虑的购进原则，合理组织货源，保证备件适合用户的需要。

（2）坚持依质论价，优质优价，不抬价，不压价，合理确定备件采购价格的原则；坚持按需进货，以销定购的原则；坚持“钱出去，货进来，钱货两清”的原则。

（3）购进的备件必须加强质量的监督和检查，防止假冒伪劣备件进入企业，流入市场。在备件采购中，不能只重数量而忽视质量，只强调工厂“三包”而忽视产品质量的检查，对不符合质量标准的备件坚决不进，不进人情货。

（4）购进的备件必须有产品合格证及商标。实行生产认证制的产品，购进时必须附有生产许可证、产品技术标准和使用说明。

（5）购进的备件必须有完整的内、外包装，外包装必须有厂名、厂址、产品名称、规格型号、数量、出厂日期等标志。

（6）要求供货单位按合同规定按时发货，以防应季不到或过季到货，造成备件缺货或积压。

（7）对价值高的备件和需求量相对较小的备件必须落实好客户方可进货，如发动机、车架等。

（8）坚决反对吃回扣等不正之风。

（二）对所购备件产品进行分类检验

为了提高工作效率和达到择优进货的目的，可以把产品分成以下几种检验类型：

（1）名牌和质量信得过产品基本免检，但名牌也不是终身制，而且有时还会遇到仿冒产品，所以应做到对这些厂家的产品十分了解，并定期进行抽检。

（2）对多年多批进货后，经使用发现存在某些质量问题的产品，可采用抽检几项关键项目的方法，以检查其质量稳定性。

(3) 对以前未经营过的备件，采用按标准规定的抽检数，在技术项目上尽可能做到全检，以求对其质量得出一个全面的结论，作为今后进货的参考。

(4) 以前用户批量退货或少量、个别换货的产品，应尽可能采取全检，并对不合格部位重点检验的办法。若再次发现问题，不但拒付货款，并注销合同，不再进货。

(5) 对一些小厂的产品，往往合格率低，而且一旦兑付货款后，很难索赔，因此尽量不进这类产品，如确需进货，检验时一定要严格把关。

（三）汽车备件货源质量的鉴别

汽车备件质量的鉴别很重要，直接影响服务质量和客户的满意度及维修水平，备件管理人员在入库、出库及每次买卖备件时都要留意检查。

1. 货源鉴别的常用工具

汽车备件质量的优劣，关系到消费者的利益和销售企业的商业信誉以及维修企业维修水平的发挥，但备件产品涉及范围广，要对全部备件作出正确和科学的质量结论，所需的全部测试手段是中、小型汽配企业难以做到的。可以根据企业的实际情况，添置必备的技术资料，如所经营主要车型的图纸、汽车零备件目录、汽车电子零备件目录和质保书、使用维护维护说明书及各类汽车技术标准等，这些资料都是检验工作的依据。购置一些通用检测仪表和通用量具，如游标卡尺、千分尺、百分表、千分表、量块、平板、粗糙度比较块、硬度计以及汽车万用表等，以具有一定的检测能力。

2. 汽车备件质量的鉴别方法

购买汽车备件要注意多“看”，看文件资料，看零件表面（或材料）的加工精度、热处理颜色等。首先要查看汽车备件的产品说明书及零件目录，产品说明书是生产厂进一步向用户宣传产品，为用户做某些提示，帮助用户正确使用产品的资料。通过产品说明，可增强用户对产品的信任感。一般来说，每个备件都应配一份产品说明书（有的厂家配用户须知）。电子零件目录是帮助专业人员用计算机管理系统正确查询或检索零部件的图号、名称、数量及装配位置、立体形状、价格等的技术资料。书本零件目录是人工检索汽车备件的工具。

(1)“13看”鉴别汽车备件质量。

①看包装。从包装上识别假冒伪劣零备件并不容易，因为高明的造假者往往以假乱真，而且产品种类层出不穷。但是，如果仔细观察，还是可以对低劣假冒备件加以分辨。一般来说，原厂备件包装比较规范，统一标准规格，印字字迹清晰正规，包装盒上字迹清晰，套印色彩鲜明，标有产品名称、规格型号、数量、注册商标、厂名、厂址以及电话号码等，有合格证和检验员章，有的厂家还在备件上打出自己的标记。一些重要部件和总成类，如化油器、分电器、发电机等，出厂时一般带有说明书、合格证，以指导用户安装、使用以及维修，若无这些多为假冒伪劣产品。

②看外表。合格的零备件表面，印字或铸字及标记清晰正规，既有一定的精度又有锃亮的粗糙度，越是重要的零备件，精度越高，包装防锈防腐越严格。选购时若发现零件有锈蚀斑点或橡胶件龟裂、失去弹性，或轴颈表面有明显车刀纹路，应予退换。还要注意零备件几何尺寸有无变形。有些零件因制造、运输、存放不当，易变形。

③看材料。正宗产品的材料是按设计要求采用优质材料，而伪劣产品多用廉价低

劣材料。汽车备件在存放中，由于材料本身材质、储存环境、储存时间等原因，容易引起干裂、氧化、变色、老化等现象。如果经销商售卖的零件上有锈蚀斑点，橡胶件出现龟裂、老化现象，接合处有脱焊、脱胶现象，这样的备件多半有问题，要谨慎购买。

④看油漆。不法商人将废旧备件经简单加工，如拆、装、拼、凑、刷漆等处理，再冒充合格品出售，拨开表面油漆后则能发现旧漆。

⑤看工艺。低劣产品外观有时虽然不错，但由于制作工艺差或故意漏工艺工序，其机械性能下降，容易出现裂纹、砂孔、夹渣、毛刺或碰伤。如汽缸垫挤压变形，使用时容易引起密封不严而烧蚀，导致漏油、漏气和漏水等现象。鉴别金属机械备件，可以查看表面热处理。不同的表面热处理有不同的工艺痕迹、不同的功用和不同的机械性能。所谓表面热处理，即电镀工艺、油漆工艺、电焊工艺、高频热处理工艺、激光、喷丸、电刷度、热熔等热处理。汽车备件的表面处理是备件生产的后道工艺，商品的后道工艺尤其是表面处理涉及很多现代科学技术。国际和国内的名牌大厂在利用先进工艺上投入的资金是很大的，特别对后道工艺更为重视，投入资金少则几百万元，多则上千万元。一些制造假冒伪劣产品的小工厂和手工作坊有一个共同特点，就是采取低投入掠夺式的短期经营行为，很少在产品的后道工艺上投入技术和资金，而且也没有这样的资金投入能力。

看表面处理具体有以下几个方面：

a. 镀锌技术和电镀工艺。汽车备件的表面处理，镀锌工艺占的比重较大。一般铸铁件、锻铸件、铸钢件、冷热板材冲压件等大都采用表面镀锌。质量不过关的镀锌，表面一致性很差；镀锌工艺过关的，表面一致性好，而且批量之间一致性也没有变化，有持续稳定性。明眼人一看，就能分辨真伪优劣。

b. 油漆工艺。现在一般都采用电浸漆、静电喷漆，有的还采用真空手段和高等级静电漆房喷漆。采用先进工艺生产的零部件表面，与采用陈旧落后工艺生产出的零部件表面有很大差异。目测时可以看出，前者表面细腻、光泽、色质鲜明；后者则色泽暗淡、无光亮，表面有气泡和“拖鼻涕”现象，用手抚摸有砂粒感觉，相比之下，真假非常分明。

c. 电焊工艺。在汽车备件中，减振器、钢圈、前后桥、大梁、车身等均有电焊焊接工艺。汽车厂的专业化程度很高的配套厂，它们的电焊工艺技术大都采用智能化或自动化焊接，能定量、定温、定速，有的还使用低温焊接法等先进工艺。产品焊缝整齐、厚度均匀，表面无波纹形、直线性好，即使是点焊，焊点、焊距也很规则，这一点哪怕再好的手工操作也无法做到。

d. 高频热处理工艺。汽车备件产品经过精加工以后才进行高频淬火处理，因此淬火后各种颜色都原封不动地留在产品上。如汽车万向节内、外球笼经淬火后，就有明显的黑色、青色、黄色和白色，其中白色面是受摩擦面，也是硬度最高的面。目测时，凡是全黑色和无色的，肯定不是高频淬火。

e. 激光热处理工艺。激光热处理的表面有拉网状，很明显。不同的热处理方法有不同的表面情况，注意总结归纳。

⑥看非使用面的表面伤痕。从汽车备件非使用面的伤痕，也可以分辨是正规厂生产的产品，还是非正规厂生产的产品。

表面伤痕是在中间工艺环节由于产品相互碰撞留下的。优质的产品是靠先进科学的管理和先进的工艺技术制造出来的。生产一个零件要经过几十道甚至上百道工序，而每道工序都要配备工艺装备，其中包括工序运输设备和工序安放的工位器具。高质量的产品由很高的工艺装备系数作保障，所以高水平工厂的产品是不可能在中间工艺过程中互相碰撞的。以此推断，凡在产品不接触面留下伤痕的产品，肯定是小厂、小作坊生产的劣质品。

⑦看"松动"。由两个或两个以上零件组合成的备件，零件之间通过压装、胶接或焊接而成，不允许有松动现象。

⑧看装配记号。为保证备件的装配关系符合技术要求，一些正规零件表面刻有装配记号，比如正时齿轮记号、活塞顶部标记、液压阀箭头标记等装配标记，用来保证机件正确安装，若无记号或记号模糊则无法辨认，将给装配带来很大困难，甚至装错。

⑨看缺漏。正规的总成部件必须齐全完好，才能保证顺利装车和正常运行。一些总成件上的小零件漏装，可能是"水货"，容易给装车造成困难。甚至可能因个别小备件短缺，造成整个总成部件报废。

⑩看防护层。一般来说，为了便于保管，防止零件磕碰，大多数汽车零部件出厂前都涂有防护层。如活塞销、轴瓦用石蜡保护；活塞环、缸套表面涂防锈油，并用包装纸包裹；气门、活塞等浸防锈油后用塑料袋封装或者用包装纸包裹。而假冒伪劣备件生产厂家由于生产工艺相对粗糙，通常不太注意一些细节上的处理，选购时若发现密封套破损、包装纸丢失，防锈油或石蜡流失，那么这些商品即便不是假冒伪劣产品，也是损坏产品，应慎买为妙。

⑪看证件。一些重要部件，特别是总成类，比如化油器、分电器、发电机等，出厂时一般带有说明书、合格证，以指导用户安装、使用和维护。

⑫看规格。大多数汽车备件都有规定的型号和技术参数。如选购电器设备时，应注意检查与被换零件的电压12V或24V，功率、接口是否一致。规格型号是否符合使用要求。选购汽车备件时要查明其主要技术参数，特殊技术要求应符合使用要求。虽然有些外观相差无几，但稍不注意就安装不上，或留下人为的故障隐患。

⑬看商标。要认真查看商标上面的厂名、厂址、等级和防伪标记是否真实。因为对有短期行为的仿冒制假者来说，防伪标志的制作不是一件容易的事，需要一笔不小的支出。另外在商品制作上，正规的厂商在零备件表面有硬印和化学印记，注明了零件的编号、型号、出厂日期，一般采用自动打印，字母排列整齐，字迹清楚，小厂和小作坊一般是做不到的。

（2）用简单技术手段鉴别汽车备件质量。对一些从表面处理上无法确定质量状况的产品可以采用简单技术手段鉴别。利用一些简单的计量工具，标准的产品样件，从产品的表面硬度是否合格、几何尺寸是否变形、总成部件是否缺件、转动部件是否灵活、装配标记是否清晰、胶接零件是否松动、配合表面有无磨损等方面通过测量、敲击、对比等方式确定产品质量。

①检视法。

a. 表面硬度是否达标。备件表面硬度都有规定的要求，在征得厂家同意后，可用钢锯条的断茬去试划（注意试划时不要划伤工作面）。划时打滑无划痕的，说明硬度高；划后稍有浅痕的说明硬度较高；划后有明显划痕的说明硬度低。

b. 结合部位是否平整。零备件在搬运、存放过程中，由于振动、磕碰，常会在结合部位产生毛刺、压痕、破损，影响零件使用，选购和检验时要特别注意。

c. 几何尺寸有无变形。有些零件因制造、运输、存放不当，易产生变形。检查时，可将轴类零件沿玻璃板滚动一圈，看零件与玻璃板贴合处有无漏光来判断是否弯曲。选购离合器从动盘钢片或摩擦片时，可将钢片、摩擦片举在眼前，观察其是否翘曲。选购油封时用手来回搓几下应乌黑发亮，没毛刺飞边，带骨架的油封端面应呈正圆形，能与平板玻璃贴合无挠曲；无骨架油封外缘应端正、无毛刺，用手搓乌黑发亮，用手握使其变形，松手后应能恢复原状。选购各类衬垫时，也应注意检查其几何尺寸及形状。

d. 总成部件有无缺件。

e. 转动部件是否灵活。在检验机油泵等转动部件时，用手转动泵轴，应感到灵活、有吸力、无卡滞。检验滚动轴承时，一手支撑轴承内环，另一手打转外环，外环应能快速自如转动，无沙哑声、然后逐渐停转。若转动零件发卡、转动不灵，说明内部锈蚀或产生变形。

f. 装配记号是否清晰。

g. 接合零件有无松动。由两个或两个以上的零件组合成的备件，零件之间是通过压装、胶接或焊接的，它们之间不允许有松动现象。如油泵柱塞与调节臂是通过压装组合的，离合器从动毂与钢片是铆接结合的，摩擦片与钢片是铆接或胶接的，纸质滤清器滤芯骨架与滤纸是胶接而成的，电器设备是焊接而成的。检验时，若发现松动应予以调换。

h. 配合表面有无磨损。若配合零件表面有磨损痕迹，或涂漆备件拨开表面油漆后发现旧漆，则多为旧件、翻新件，当表面磨损、烧蚀，橡胶材料变质时，在目测看不清楚的情况下可借助放大镜观察。

②敲击法。判定大壳体和盘形铸件零件是否有裂纹、用铆钉连接的零件有无松动以及轴承合金与钢片的结合是否良好时，可用小锤轻轻敲击并听其声音。如发出清脆的金属声音，说明零件状况良好；如果发出的声音沙哑，可以判定零件有裂纹、松动或结合不良。浸油锤击是一种探测零件隐蔽裂纹最简便的方法。检查时，先将零件浸入煤油或柴油中片刻，取出后将表面擦干，撒上一层白粉（滑石粉或石灰），然后用小锤轻轻敲击零件的非工作面，如果零件有裂纹，通过振动会使浸入裂纹的油渍溅出，裂纹处的白粉呈现黄色油迹，便可看出裂纹所在。

③比较法。用标准零件与被检零件做比较，从中鉴别被检零件的技术状况。例如气门弹簧、离合器弹簧、制动主缸弹簧和轮缸弹簧等，可以用被检弹簧与同型号的标准弹簧（最好用纯正部品，即正厂件）比较长短，即可判断被检弹簧是否符合要求。

④测量法。借助测量工具，用正确的方法测量标准尺寸，在此不做赘述，参看工具的使用方法即可。

⑤试装法。这是检查配套件或技术配对件是否匹配、质量是否合格、是否拿错配套件的最好方法。如销售某销轴，就可用销轴套试装一下，从而杜绝拿错易混配套备件。

小贴士：汽车备件检验方法之磁力探伤检验

磁力探伤的原理是：用磁力探伤仪将零件磁化，即使磁力线通过被检测的零件，如果表面有裂纹，在裂纹部位磁力线会偏移或中断而形成磁极，建立自己的磁场。若在零件表面撒上颗粒很细的铁粉，铁粉即被磁化并附在裂纹处，从而显现出裂纹的位置和大小。进行磁力探伤时，必须使磁力线垂直通过裂纹，否则裂纹便不会被发现。磁力探伤采用的铁粉，一般为 2～5μm 的氧化铁粉末，铁粉可以干用，但通常采用氧化铁粉液，即在 1L 变压器油或低黏度机油掺煤油中，加入 20～30g 氧化铁粉。零件经磁力探伤后会留下一部分剩磁，必须彻底退掉，否则在使用中会吸附铁屑，加速零件磨损。采用直流电磁化的零件，只要将电流方向改变并逐渐减少到零，即可退磁。磁力探伤只能检验钢铁件裂纹等缺陷的部位和大小，检验不出深度。此外，由于有色金属件、硬质合金件等不受磁化，故不能应用磁力探伤。

汽车备件产品的验收方法多种多样，各种手段需要综合运用，根据不同的备件采用不同的验收方法，并综合运用。

（3）进口零备件的鉴别。由于众多进口汽车的车牌、车型繁杂，而某一具体车型的实际保有量又不多，所以，除正常渠道进口的备件外，各种赝品、水货也大量涌现，鱼目混珠，转卖伪劣汽车备件以牟取暴利的现象屡见不鲜。汽车维修和备件销售企业采购人员只有了解并熟悉国外汽配市场中的配套件（OEM parts）、纯正件（genuine parts）、专厂件（replacement parts）的商标、包装、标记及相应的检测方法和数据，才能做到有的放矢，保护好自身和消费者的正当权益。到货后，一般应“由外到里，由大包装到小包装，由外包装到内包装，由包装到产品标签，由标签到封签，由零件编号到实物，由产品外观质量到内在质量”逐步进行详细检查验收，具体总结为“8 看”。

①看外部包装。一般原装进口备件的外部包装多为 7 层胶合板或选材较好、做工精细、封装牢固的木板箱，纸箱则质地细密、紧挺不易弯曲变形、封签完好；外表印有用英文注明的产品名称、零件编号、数量、产品商标、生产国别、公司名称，有的则在外包装箱上贴有反映上述数据的产品标签。

②看内部包装。国外产品的内部包装（指每个备件的单个小包装盒），一般都用印有该公司商标图案的专用包装盒。

③看产品标签。日本的日产、日野、三菱、五十铃等汽车公司的正品件都有“纯正部品”的标签，一般印有本公司商标及中英文的公司名称、英文或日文备件名称编号

（一般为图号），有英文 MADE IN JAPAN（日本制造）及长方形或正方形标签，而配套件、专厂件的备件的标签无纯正部品字样，但一般有用英文标明适用的发动机型或车型、备件名称、数量及规格、公司名称、生产国别，同时，标签形状不限于长方形或正方形。

④看包装封签。进口备件目前大多用印有本公司商标或检验合格字样的专用封签封口。例如：德国 ZF 公司的齿轮、同步器等备件的小包装盒的封签，日本大同金属公司的曲轴轴承的小包装盒的封签，日产公司的纯正件的小包装盒的封签，五十铃公司纯正件的小包装封签等。也有一些公司的备件小包装盒直接用标签作为小包装盒的封签，一举两得。

⑤看内包装纸。德国奔驰汽车公司生产的金属备件一般用带防锈油的网状包装布进行包裹，而日本的日产、三菱、日野、五十铃等汽车公司的纯正件的内包装纸均印有本公司标志，并用一面带有防潮塑料薄膜的专用包装纸包裹备件。

⑥看外观质量。从日本、德国等地进口的纯正件、配套件及专厂件，做工精细，铸铁或铸铝零件表面光滑，精密无毛刺，油漆均匀光亮。而假冒产品则铸造件粗糙，喷漆不均匀，无光泽，真假两个备件在一起对比有明显差别。

⑦看产品标记。原装进口汽车备件，一般都在备件上铸有或刻有本公司的商标和名称标记。例如，日本自动车工业株式会社生产的活塞则在活塞内表面铸有凸出的 IZUMI 字样；日本活塞环株式会社（NPR）的活塞环在开口平面上，一边刻有 N，另一边刻有 1NK7、2NK7、3NK7、4NK7 字样；日本理研株式会社（RIK）的活塞环在开口处平面上一边刻有 R。

⑧看备件编号。备件编号也是签订合同和备件验收的重要内容。各大专业生产厂都有本厂生产的备件与汽车厂备件编号的对应关系资料，备件编号一般都刻印或铸造在备件上（如德国奔驰纯正件）或标明在产品的标牌上，而假冒备件一般无刻印或铸造的备件编号。在备件验收时，应根据合同要求的备件编号或对应资料进行认真核对。

针对近年来汽配市场出现假冒进口汽车备件的实际问题，经营者必须详细了解并熟悉国外主机厂、配套厂、专业厂的商标、包装、标记及一般的检测方法和数据。

（4）常见的假冒伪劣汽车备件的危害与鉴别。近几年来，在利益驱使下，各种假冒伪劣汽车备件充斥市场，假冒的汽车备件与正宗的商品虽然在外观上相差不大，但在内在质量和性能上差距悬殊，车辆装用假冒伪劣备件后会给车主造成极大的损失，轻者返工复修造成经济损失；重则危及行车安全，甚至造成交通事故。比如，有些机油的质量不过关，只会损坏发动机，使其使用期限降低，但如果制动摩擦、油管造假，就不仅是汽车性能方面受到影响，严重的甚至会导致重大交通事故。据公安部交通管理局统计，最近几年全国每年发生的交通事故都在 30 万起以上。其中，有三成是制动失灵造成的，而劣质制动片又是造成制动失灵的主要原因。了解一些常见的假冒伪劣汽车备件的危害与真伪备件特征，对备件订货采购人员而言是非常必要的，如表 2-4 所示。

常见的假冒伪劣汽车备件的危害与真伪备件特征　　表 2-4

<table>
<tr><th>备件名称</th><th colspan="2">纯正件特征</th><th>假冒件特征</th><th>使用假冒件危害</th></tr>
<tr><td rowspan="2">燃油滤清器</td><td colspan="2">材料及工艺考究，滤纸质感好，粗细均匀，有橡胶密封条。能有效过滤汽油中可能存在的杂质颗粒，与燃油管匹配精确</td><td>构造粗糙，滤纸低劣，疏密不匀，无橡胶密封条。过滤效果差，与燃油管的匹配精度低</td><td>假冒汽滤过滤效果差，可能会引起汽油泵及喷油嘴等部件的过早损坏，导致发动机出现工况不良、动力不足及油耗增加等情况</td></tr>
<tr><td>真假对比图片</td><td colspan="3"> 真　假</td></tr>
<tr><td rowspan="2">机油滤清器</td><td colspan="2">采用专业的滤纸材料，过滤性能良好，有可靠的回流阻止机构</td><td>内部材料及制造工艺粗糙，过滤性能差，无回流阻止机构或机构不可靠</td><td>假冒机滤由于过滤效果差，容易引起曲轴及轴瓦等主要部件的过早磨损，大大缩短发动机的使用寿命</td></tr>
<tr><td>真假对比图片</td><td colspan="3"> 真　假</td></tr>
<tr><td rowspan="2">空气滤清器</td><td colspan="2">制造材料优质，密封效果好，除尘效率高，为发动机发挥最佳工作性能提供保障</td><td>材料粗糙，过滤效果差，匹配精度低，不能有效地滤除空气中的悬浮颗粒物</td><td>假冒空气滤清器密封效果差，杂质颗粒容易被吸进发动机，轻则加速发动机气缸和活塞的磨损，重则造成汽缸拉伤，缩短发动机的使用寿命</td></tr>
<tr><td>真假对比图片</td><td colspan="3"> 真　假</td></tr>
</table>

续上表

备件名称	纯正件特征	假冒件特征	使用假冒件危害
火花塞	采用了优质金属材料，侧面电极是一体加工完成的，并非焊接上去，间隙均匀，采用了优质金属材料，导热性能出色，即使在车速到达200km/h时，电极的温度也只有800℃。内部都会有专门设计的电阻，以减少外界电波的干扰	绝缘材质差，甚至有气孔，防导电的性能也相对较弱，并且内部一般不会安装电阻，所以容易受到外界电波干扰。电极间隙一般不够均匀，绝缘体使用的材料也不够好，导热性能差。时速超过130km/h后，电极温度已到达1100℃，临近电极熔断点	由于火花塞的工作环境是高温高压，所以伪劣产品的电极非常容易烧蚀，造成电极间隙过大，火花塞放电能量不足，结果就是冷启动困难，发动机内部积炭增多，起步、加速性能下降，油耗增加
	真假对比图片	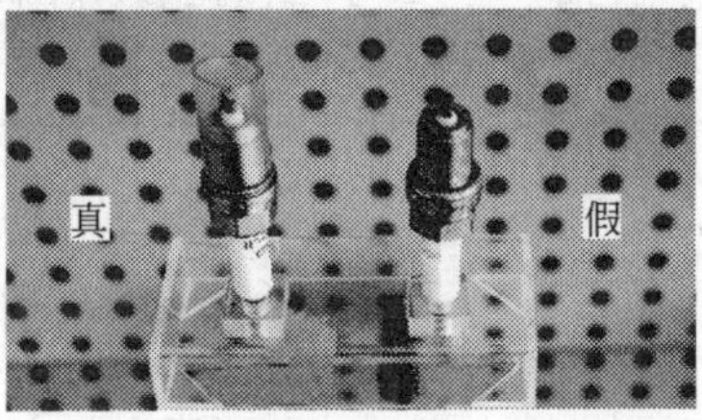	
制动片	正规厂家生产的制动片，包装印刷比较清晰，上有许可证号，还有指定摩擦系数、执行标准等。而包装盒内则有合格证、生产批号、生产日期等。采用先进材料制作而成，可最大限度地降低制动盘的磨损和热损，制动性能稳定可靠，保证车辆能安全、精准地停车	厚度及形状通常与真品不一致，材质手感粗糙，噪声和振动大，制动性能不稳定	使用假冒制动片，可能引起制动力不足或制动失灵等情况发生，导致车辆不能正常制动，危害安全行车
	真假对比图片	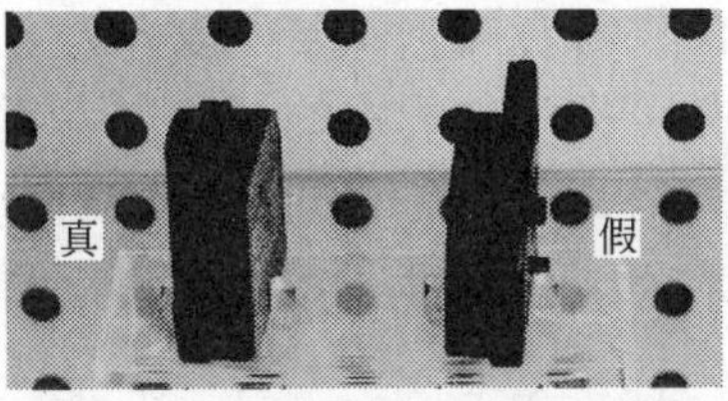	
正时皮带	采用优质复合材料制作，无明显气味，制造工艺精良，匹配精度高，抗疲劳性能强	制造材料及工艺粗糙，有一股臭胶味，匹配精度差，容易磨损和断裂	假冒正时皮带使用寿命短，影响发动机工况，高速行驶时安全隐患较大
	真假对比图片	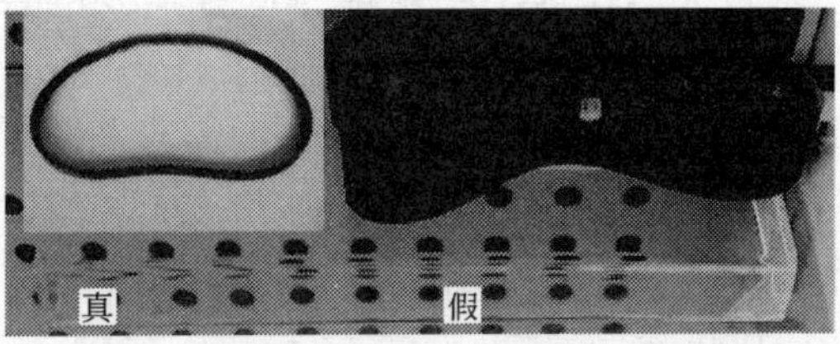	

续上表

备件名称	纯正件特征	假冒件特征	使用假冒件危害
前照灯	从外观上看，正品表面光洁，角度准，而假冒品表面粗糙，不易安装，伪劣产品质量很差，如配光性能不合格、光学性能差，汽车在特殊条件下行驶的安全性将受到很大影响。劣质前照灯灯内产生雾气、亮度不足、焦距不集中、射程太近，严重影响行车安全。劣质灯具本身密封不严，在雨天行驶或洗车时，水渗入灯内易生锈，造成线路短路着火烧车		
防冻液	假防冻液外包装非常逼真，但在打开瓶盖后瓶颈上有溢漏的痕迹，这是因为制假厂家灌装设备达不到标准，真防冻液无溢漏状况。假防冻液腐蚀性过大，危害严重，甚至出现腐蚀发动机缸体的情况		
制动总泵	正品有色标、生产编号，外观粗糙，内部精细，制动皮碗耐腐蚀，制动性能好；假冒产品则表面光洁内部不精细，无色标，无编号，皮碗耐腐蚀性差，制动性能差，影响行车安全		

二、汽车备件进货程序

（一）进货渠道的选择

汽车备件经营企业的进货，大都从汽车备件生产厂家进货，进货渠道应选择以优质名牌备件为主的进货渠道。但为适应不同层次消费者的需求，也可进一些非名牌厂家的产品。进货时可按 A 类厂、B 类厂、C 类厂顺序选择进货渠道。

A 类厂是主机配套厂。这些厂知名度高，产品质量优，大多是名牌产品。这类厂应是进货的重点渠道。合同签订形式可采取先订全年需要量的意向协议，以便于厂家安排生产，具体按每季度、每月签订供需合同，双方严格执行。B 类厂生产规模和知名度不如 A 类厂，但备件质量有保证，备件价格也比较适中。订货方法与 A 类厂不同，一般可以只签订较短期的供需合同。C 类厂是一般生产厂，备件质量尚可，价格较前两类厂家低。这类厂的备件可作为进货中的补充。订货方式也与 A、B 类厂有别，可以采取电话、电邮的办法，如需签订供需合同，以短期合同为宜。

必须注意：绝对不能向那些没有进行工商注册、生产“三无”及假冒伪劣产品的厂家订货和采购。

（二）供货方式的选择

（1）对于需求量大、产品定型、任务稳定的主要备件，应当选择定点供应直达供货的方式。

（2）对需求量大但任务不稳定或一次性需要的备件，应当采用与生产厂签订合同直达供货的方式，以减少中转环节，加速备件周转。

（3）对需求量少如一个月或一个季度需求量在订货限额或发货限额以下的备件，宜采取由备件供销企业的门市部直接供货的方式，以减少库存积压。

（4）对需求量少但又属于附近厂家生产的备件，也可由产需双方建立供需关系，由生产厂家按协议供货。

（三）进货方式的选择

汽车备件零售企业在组织进货时，要根据企业的类型、各类汽车备件的进货渠道，以及汽车备件的不同特点，合理安排组织进货。汽车备件零售企业的进货方式一般有：

1. 现货与期货

现货购买灵活性大，能适应需要的变化情况，有利于加速资金周转。但是，对需求量较大而且消耗规律明显的备件，宜采用期货形式，签订期货合同。

2. 一家采购与多家采购

一家采购指对某种备件的购买集中于一个供应单位，它有利于采购备件质量稳定，规格对路，费用低，但无法与他家比较，机动性小。多家采购是将同一订购备件分别从两个以上的供应者订购，通过比较可以有较大的选择余地。

3. 向生产厂购买与向供销企业购买

这是对同一种备件既有生产厂自产自销又有供销企业经营的情况所作的选择。一般情况下，向生产厂购买时价格较为便宜，产需直接挂钩可满足特殊要求。供销企业因网点分布广，有利于就近及时供应，尤其是外地进货和小量零星用料从备件门市部购买更为合适。

4. 成立联合采购体，降低零备件采购成本

联合采购就是几个备件零售企业联合派出人员，统一向汽车备件生产单位或到外地组织进货，然后给这几个备件零售企业分销，这样能够相互协作，节省人力，凑零为整，拆零分销，有利于组织运输。其困难在于组织工作比较复杂。

据2006年6月26日《第一财经日报》报道，为降低零备件成本，2006年6月23日，由巴士集团牵头，国内四家大型客车企业以及上海车辆物资采购网在上海签署了组建联合采购体的合作备忘录，国内首个客车制造企业联合采购体由此诞生。参与联合采购体的四家客车生产企业分别是：郑州宇通客车股份有限公司、厦门金龙汽车集团股份有限公司、上海申沃客车有限公司和上海万象（大宇）汽车制造有限公司。这四家企业占据国内大型客车60%的销售份额。降低零备件采购成本是四大客车生产商共同的目的。

5. 电子采购

电子采购也称为网上采购。它具有费用低、效率高、速度快、业务操作简单、对外联系范围宽广等特点，是当前最具发展潜力的企业管理工具之一。

6. 招标采购

招标采购是在众多的供应商中选择最佳供应商的有效办法，适合大量、大规模采购。它体现了公平、公开和公正的原则，可能以更低的价格采购到所需的备件。更充分地获取市场利益。

7. 即时制采购

即时制采购是一种先进的采购模式，是在恰当的时间、恰当的地点，以恰当的数量、恰当的质量采购恰当的备件，如按季节采购备件。

上述几种类型各有各的长处，企业应根据不同的情况适当选择，并注意在实践中扬

长避短，不断完善。

（四）供货商的选择

供货商的选择主要从价格和费用、产品质量、交付情况、服务水平四个方面进行评价。

1. 价格和费用

价格和费用的高低是选择供货商的一个重要标准。固定市场中存在固定价格、浮动价格和议价，要做到货比三家，价比三家，择优选购。在选择供货商时不仅要考虑价格因素，同时还要考虑运输费用因素。价格和费用低可以降低成本，增加企业利润，但不是唯一标准。

2. 产品质量

如果价格和费用虽然较低，但由于供应的备件质量较差而影响修车质量，反而会给用户和企业信誉带来损失，所以选购备件时要选购名牌产品或备件质量符合规定要求的产品。

3. 交付情况

要考虑供货商能否按照合同要求的交货期限和交货条件履行合同，一般用合同兑现率来评价。交货及时、信誉好、合同兑现率高的供货商，当然是选择的重点。

4. 服务水平

要考虑供货商可能提供的服务，如服务态度、方便用户措施和服务项目等。另外，在选择供货商时，要注意就近选择。这样可以带来许多优点，如能加强同供货单位的联系和协作、能得到更好的服务、交货迅速、临时求援方便、节省运输费用和其他费用、降低库存数量等。同时，也要考虑其他供货商的特点，比较各供货商的生产技术能力、管理组织水平等，然后作出全面的评价。

为了作出恰当的评价，可以根据有日常业务往来的单位及市场各种广告资料编制各类备件供货商一览表，然后按表内所列的项目逐项登记，逐步积累，将发生的每一笔采购业务都填写补充到该表中去，在此基础上进行综合评价，选出重点、长久订货的供货商。

三、汽车备件采购合同的签订

（一）签订采购合同应遵循的原则

常见的关于汽车备件的合同有买卖合同、运输合同、保险合同等。其中最主要的是汽车备件买卖合同即采购合同。

在与备件供货商进行交易行为时，应当与供货商签订书面采购合同，采购合同是供需双方的法律依据，应是当事人双方真实意思的体现，因此，签订合同必须贯彻“平等互利、协商一致、等价有偿、诚实信用”的原则。合同依法成立后，当事人之间法律地位是平等的，权利和义务也是对等的。任何一方不得以大压小、以强凌弱、以上压下，也不能以穷吃富。经济合同必须建立在真实、自愿、平等互利、等价有偿的基础上。国家法律不允许签订有损于对方合法权益的“不平等条约”或“霸王合同”。一切违背平等互利、协商一致、等价有偿原则的，都应确认为全部无效或部分无效的经济合同。

（二）汽车备件采购合同的关键条款

合同是约束双方的权利与义务的法律文书，合同的内容要简明，文字要清晰，字意要确切。有关备件的品种、型号、规格、单价、数量、交货时间、交货地点、交货方式、质量要求、验收条件、付款方式、双方职责、权利都要明确规定。签订进口备件合同时，更要注意这方面的问题，特别是备件的型号、规格、生产年代、零件编码等不能有一字差别。近几年生产的进口车，可利用标志码（17 位码）来寻找备件号。此外，在价格上也要标明何种价，如离岸价、到岸价等，否则会导致不必要的损失。

为避免在执行合同时出现争议，在采购合同中必须写明一些关键性的条款。具体有以下几条：

1. 汽车备件的品名、品牌、规格、型号

有时也称为“标的”，是合同当事人双方的权利义务共同指向的对象。

2. 汽车备件的数量和质量

在确定数量时应考虑汽车备件常见的包装规范，一般以个、件、付、千克等计算；质量是合同的主要内容，一般是型号、等级等。

3. 汽车备件的价格、合同价款

价格是指汽车备件的单件（位）价格，合同价款是指合同涉及汽车备件的总金额。

4. 履行的期限、地点和方式

履行期限是指当事人各方依照合同规定全面完成自己合同的时间。履行地点，是指当事人依照合同规定完成自己的合同义务所处的场所。履行方式，是指当事人完成合同义务的方法。

5. 违约责任

违约责任是指合同当事人因过错而不履行或不完全履行合同时应承受的经济制裁，如偿付违约金、赔偿金等。

此外，根据法律规定，以及当事人一方要求必须规定的条款，也是买卖合同的主要条款。

（三）签订备件采购合同时应注意的问题

备件采购合同依法成立之后，即具有法律约束力。当事人必须对合同中的权利和义务负责，必须承担由此引起的一切法律后果。因此在签订经济时一定要慎重、认真，不可马虎、草率从事。签订合同时应注意以下几个方面的问题：

1. 尽可能了解对方

为了慎重签订经济合同，使合同稳妥可靠，应该尽可能了解对方，知己知彼。了解对方，虽然不是签订经济合同的法定程序，但是，根据实践经验来看是非常必要的。在签订合同以前，应该了解对方以下问题：第一，了解对方是否具有签订经济合同的主体资格（社会组织必须具备法人资格；个体工商户必须经过核准登记，领有营业执照）；第二，合同主体是否具有权利能力和行为能力，是否具备履行合同的条件；第三，法定代表人签订合同是否具有合法的身份证明，代理人签订合同是否具有委托证明；第四，代签合同单位是否具有委托单位的委托证明等。只有了解对方，才能心中有数，合同才能稳妥可靠。

2. 遵守国家法律、法规的要求

3. 合同的主要条款必须齐备

经济合同必须具备明确、具体、齐备的条款。文字表达必须清楚、准确，切不可用含混不清、模棱两可和一语双关的词汇。语言简练、标点使用正确。产生笔误不得擅自涂改。

4. 明确双方违约责任

合同的违约责任，是合同内容的核心，是合同法律约束力的具体表现。当事人双方必须根据法律规定或双方约定明确各自的违约责任。合同的违约责任规定得不明确或没有违约责任，合同就失去了约束力，不利于加强双方责任心，不利于严肃地、全面地履行合同；在发生合同纠纷时，缺少解决纠纷的依据。因此，当事人应该自觉地接受法律监督，明确规定各自的违约责任。

5. 合同的变更与解除

经济合同依法成立后，即具有法律约束力，任何一方不得擅自变更或解除。但是，在一定条件下，当事人在订立经济合同后，可通过协商或自然地变更或解除合同。

（四）国内采购合同格式

采购合同格式如下：

购货合同

于________年________月________日，________先生________有限公司（以下简称售方），________先生________有限公司（以下简称购方），鉴于售方同意出售，购方同意购买________（以下简称合同货物），其合同货物的质量、性能、数量经双方确认，并签署本合同，其条款如下：

（1）合同货物：____

（2）数量：____

（3）原产地：____

（4）价格：____F. O. B

（5）装船：第一次装船应于接到信用证后________天至________天内予以办理。从第一次装船，递增至终了，应在________个月内完成。

（6）优惠期限：为了履行合同，若最后一次装船时发生延迟，售方提出凭证，购方可向售方提供________天的优惠期限。

（7）保险：由购方办理。

（8）包装：用新牛皮纸袋装，每袋为________公斤；或用木箱装，每箱为________公斤。予以免费包装。

（9）付款条件：签订合同后________天（公历日）内购方通过开证行开出以售方为受益人、经确认的、全金额100%的、不可撤销的、可分割的、可转让的、允许分期装船的信用证，见票即付并出示下列证件：

①全套售方商业发票；

②全套清洁、不记名、背书提单；

③质量、重量检验证明。

(10) 装船通知：购方至少在装货船到达装货港的________天前，将装货船到达的时间用电传通知售方。

(11) 保证金。

①通知银行收到购方开具的不可撤销信用证时，售方必须开具信用证________%金额的保证金。

②合同货物装船和交货后，保证金将原数退回给售方。若出于任何原因（本合同规定的第12条除外），发生无法交货（全部或部分），按数量比例将保证金作为违约予以没收支付给购方。

③若由于购方违约或购方不按照本合同第（9）条规定的时间内［第（12）条规定除外］，开具以售方为受益人的信用证，必须按保证金相同的金额付给售方。

④开具的信用证必须满足合同所规定的条款内容。信用证所列条件应准确、公道，售方并能予以承兑。通知银行收到信用证后，通知银行应给开证银行提供保证金。

(12) 不可抗力：售方或购方均不承担由于不可抗力的任何原因所造成的无法交货或违约，不可抗力的任何原因包括战争、封锁、冲突、叛乱、罢工、雇主停工、内乱、骚动、政府对进出口的限制、暴动、严重火灾或水灾或为人们所不能控制的自然因素。

交货或装船时间可能出现延迟，购方或售方应提出证明予以说明实情。

(13) 仲裁：因执行本合同所发生的一切争执和分歧，双方应通过友好协商方式解决。若经协商不能达成协议时，则提交仲裁解决。仲裁地点在________由仲裁委员会仲裁，按其法规裁决。仲裁委员会的裁决，对双方均有约束力。仲裁费用应由败诉方承担。除进行仲裁的那部分外，在仲裁进行的同时，双方应继续执行合同的其余部分。对仲裁结果不服者可到法院诉讼解决。

(14) 货币贬值：若美元货币发生法定贬值，售方保留按贬值比率对合同价格予以调整的核定权力。

(15) 有效期限：本合同签字后，在________天内购方不能开出以售方为受益人的信用证，本合同将自动失效。但购方仍然对第（11）条中第②、③项规定的内容负责，支付予以补偿。

本合同一式两份，经双方认真审阅并遵守其规定的全部条款，在见证人出席下经双方签字。

售方：________________

购方：________________

见证人：________________

单元能力检测

头脑风暴：

1. 汽车备件质量检验的方法主要有哪些？

2. 备件采购合同的关键条款有哪些？签订备件采购合同时应注意哪些问题？

试一试：

利用课余时间到汽车备件市场了解备件产品质量情况，尝试用学过的备件质量鉴定方法对备件进行鉴别。

单元四　汽车备件订货系统应用示例

单元要点

1. 库存补充件订货操作；
2. 客户预订件订货操作；
3. 订件在途管理操作。

相关知识

当我们通过备件管理系统及备件目录系统生成订单后，我们就要向供应商订货，把正式的订单发给供应商。这就要用到备件订购系统。备件订购系统是与互联网技术相结合，供应商在网上建立一个订购系统，实行实时订货。实时备件订购系统除了可以直接向供应商订购零件外，还可以实时查询供应商的库存数量，可以准确预测零件的到货日期。同时还可以查询零件替代状况、零件的价格以及订单的处理情况等。以下我们以丰田 TACT 系统的订货功能为例来说明汽车备件订货系统的运用。

一、相关名词释义

(1) 丰田 TACT 系统：TACT 系统是丰田认定经销店的标准业务系统，是各经销店在日常零件业务工作中，遵循丰田 JIT 理念管理库存的科学解决途径，其中的零件功能是完全基于 TSM 标准设计开发的。

(2) B/O 零件：客户预定件，当没有库存或库存不足的时候所发生的替客户做的追加订货件。

(3) S/O 零件：补充库存件。

(4) F/O 零件：特别配给件，如服务推广活动而需存货的零件，配合新车销售而准备存货的零件，为特别修理情况而库存的零件，因质量问题召回的车辆维修所需的零件。

(5) 纯牌零件：经丰田汽车公司严格质量检验的零件称为“丰田纯牌零件”。

二、订货系统操作说明

(1) 丰田订货系统主界面如图 2-12 所示。

(2) B/O 一览操作顺序：一览进入检索界面（图 2-13），输入查询条件，按“检索”，系统将弹出两张报表：纯牌和非纯牌的 B/O 零件一览表，见图 2-14。

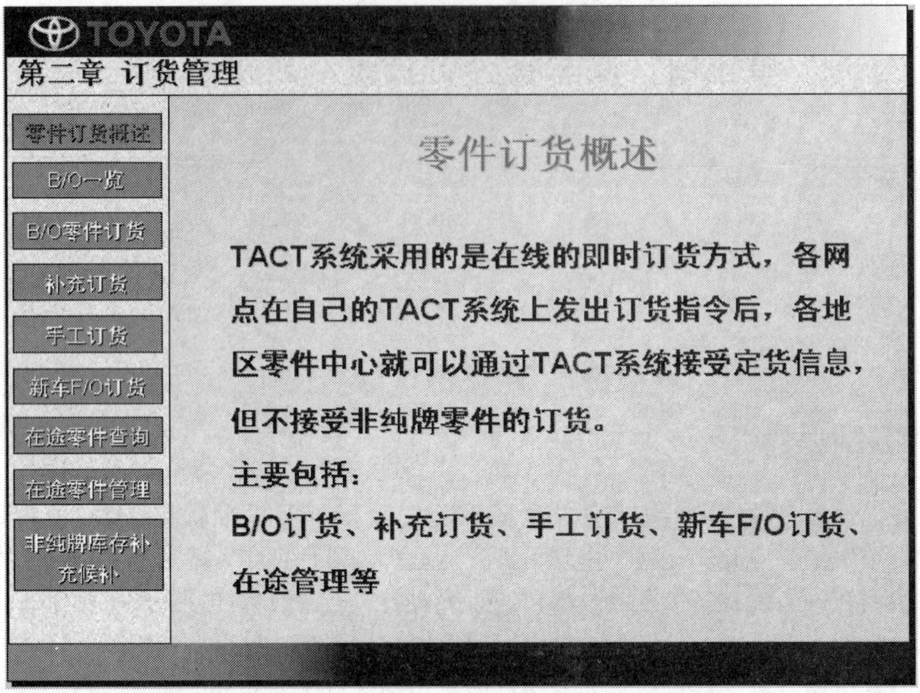

TOYOTA

第二章 订货管理

零件订货概述
B/O一览
B/O零件订货
补充订货
手工订货
新车F/O订货
在途零件查询
在途零件管理
非纯牌库存补充候补

零件订货概述

TACT系统采用的是在线的即时订货方式，各网点在自己的TACT系统上发出订货指令后，各地区零件中心就可以通过TACT系统接受定货信息，但不接受非纯牌零件的订货。

主要包括：

B/O订货、补充订货、手工订货、新车F/O订货、在途管理等

图 2-12　丰田订货系统主界面

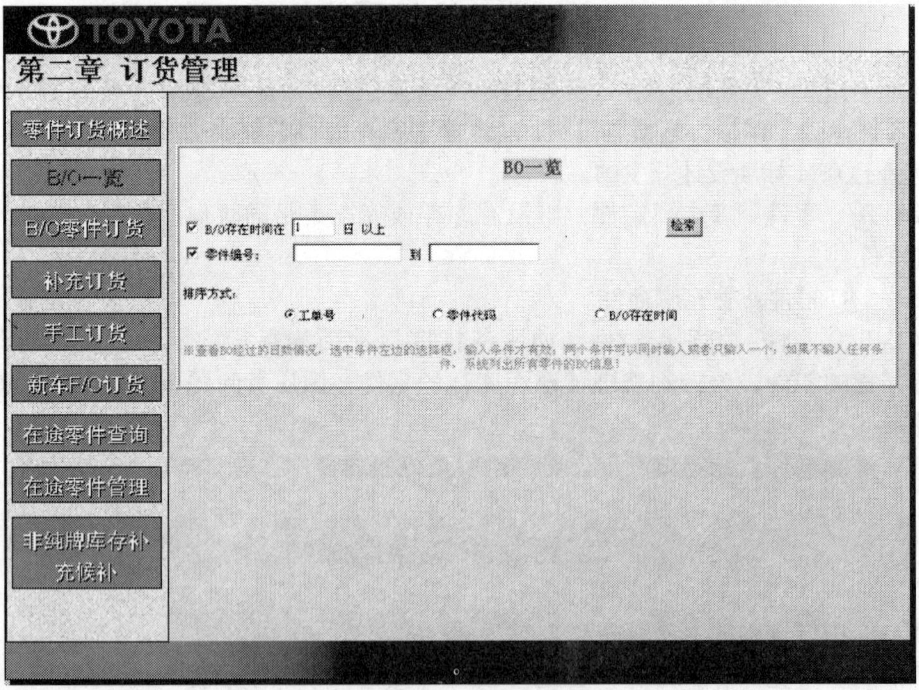

TOYOTA

第二章 订货管理

零件订货概述
B/O一览
B/O零件订货
补充订货
手工订货
新车F/O订货
在途零件查询
在途零件管理
非纯牌库存补充候补

BO一览

B/O存在时间在 1 日 以上　检索
零件编号：　到
排序方式：
工单号　零件代码　B/O存在时间

※查看BO经过的日数情况，选中条件左边的选择框，输入条件才有效，两个条件可以同时输入或者只输入一个，如果不输入任何条件，系统列出所有零件的BO信息！

图 2-13　B/O 检索界面

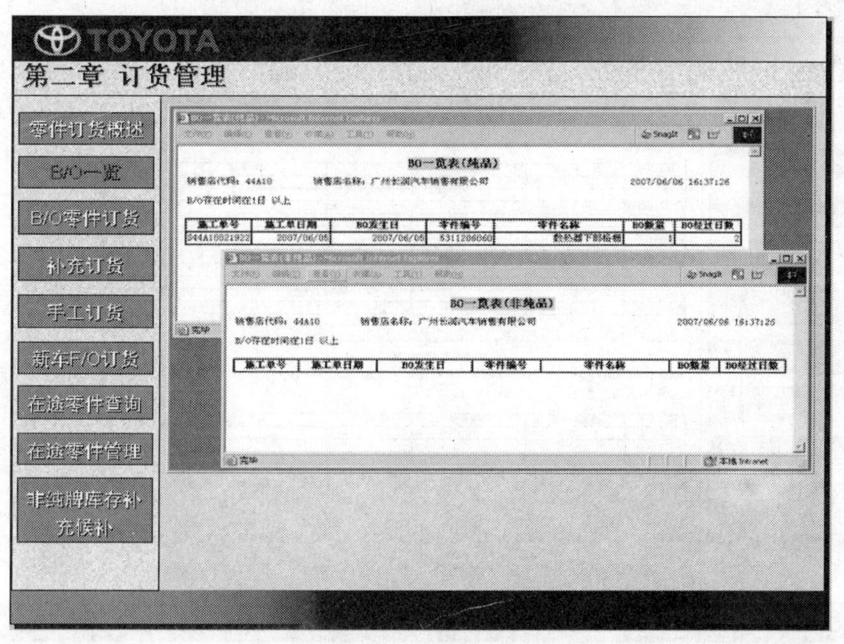

图2-14　纯牌和非纯牌的B/O零件一览表

（3）B/O零件订货操作顺序：B/O零件订货进入订货界面（图2-15），系统会自动算出订货数，如有必要，订货员可根据需要调整订货数。然后点击“订货确认”按钮，即可发出订单。弹出的窗口显示B/O零件订货一览表，包含纯牌与非纯牌，见图2-16。

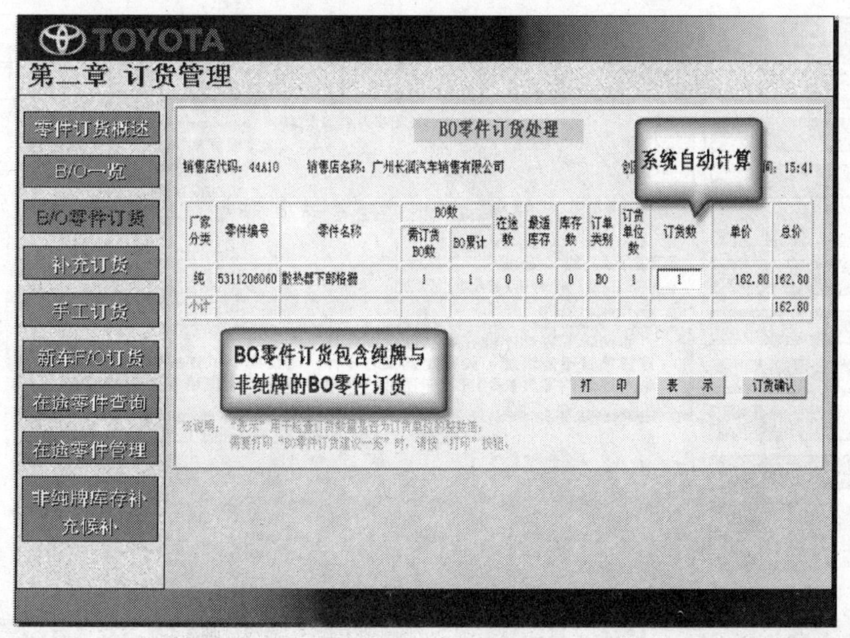

图2-15　B/O零件订货界面

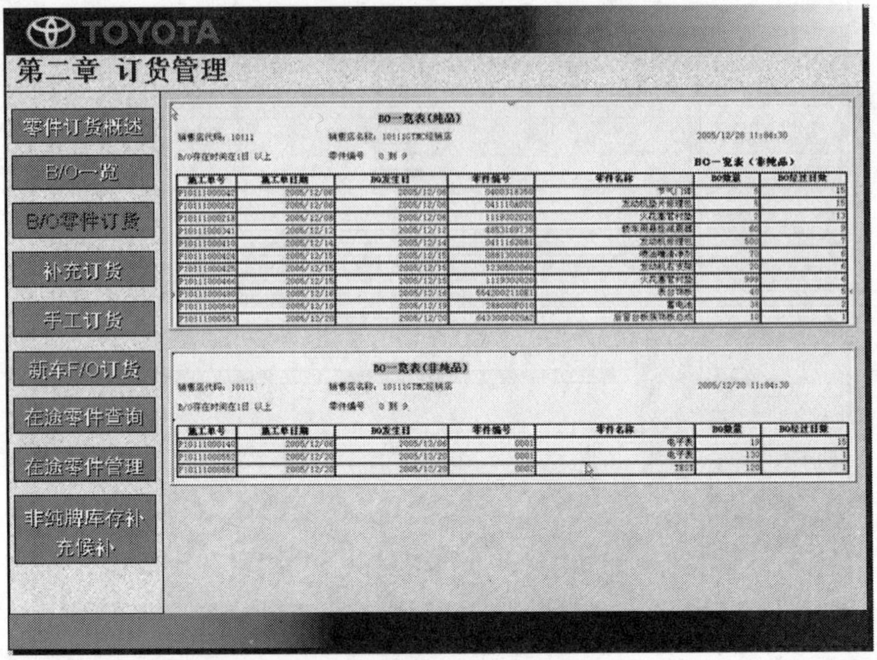

图 2-16　B/O 零件订货一览表

（4）库存补充（S/O）订货操作顺序：由库存补充订货进入订货计算界面，点击“执行”，系统自动计算出的需要补充的零件及数量，根据实际需求修改（图 2-17），点击“订货确认”，完成订货，弹出的窗口显示 S/O 零件订货一览表，只包含纯牌（图 2-18）。

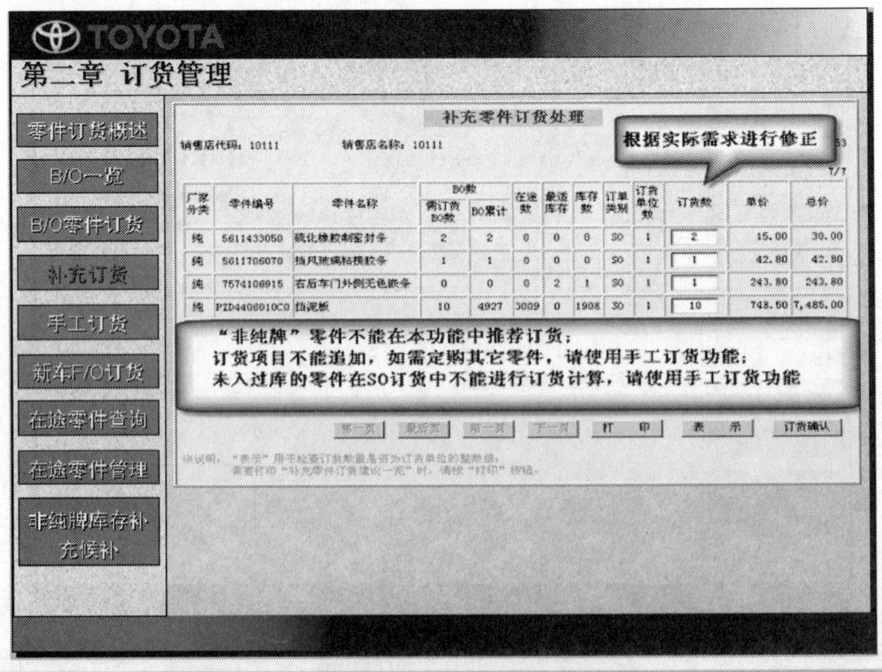

图 2-17　库存补充订货计算界面

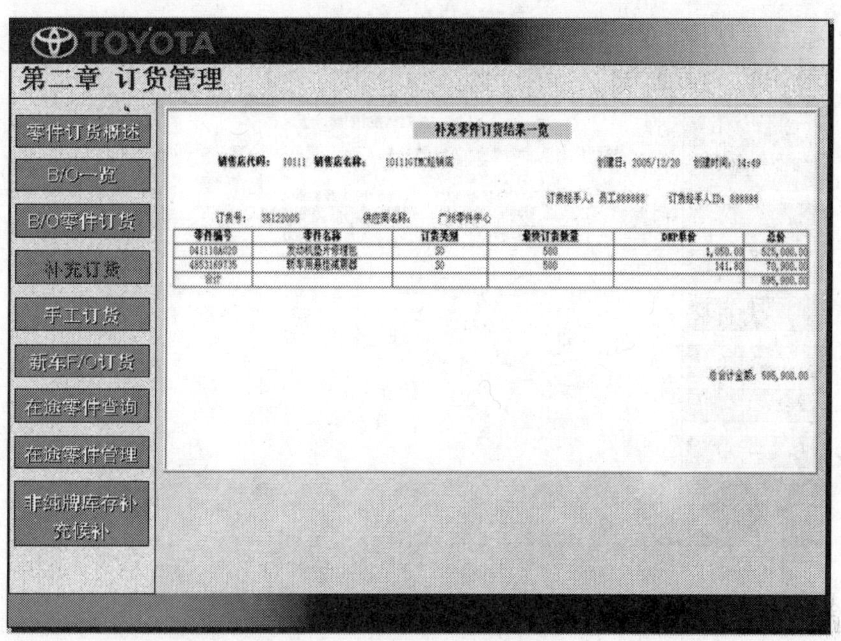

图2-18　库存补充零件订货结果一览表

（5）手工订货操作顺序：手工订货（追加）进入订货界面，选择订单类别，点击“追加订货”，新增行数，然后输入零件编号及订货数，点击“订货确认”，完成订货（图2-19）。弹出的窗口显示手工订货一览表，只包含纯牌（图2-20）。

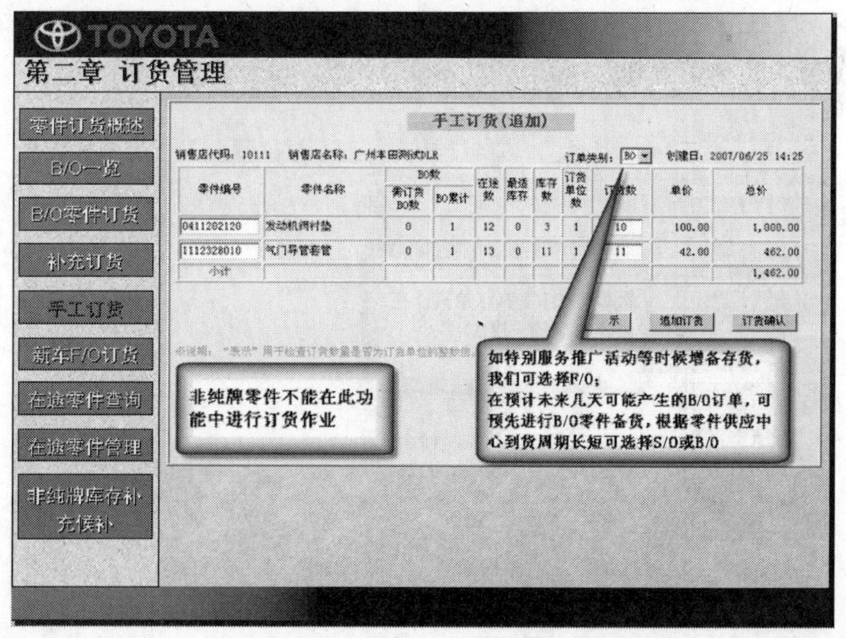

图2-19　手工订货（追加）订货界面

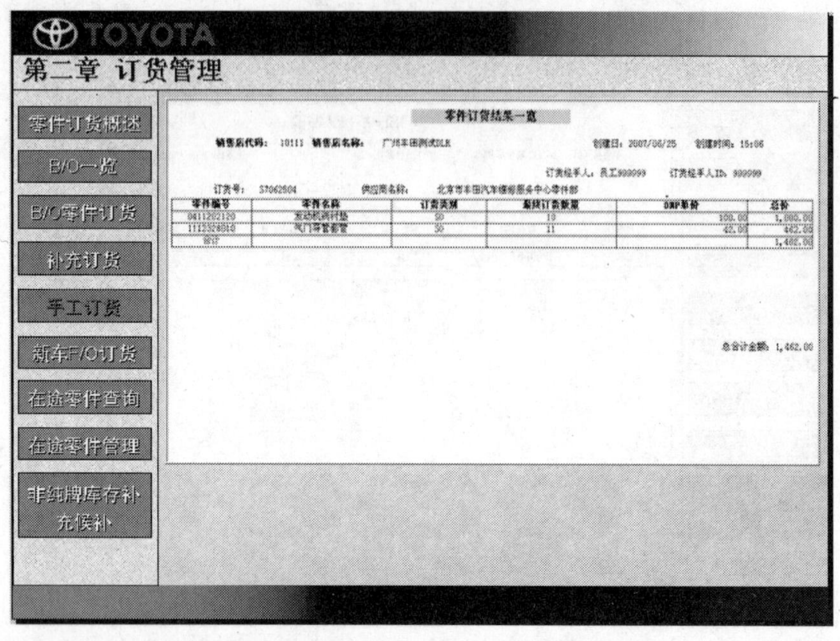

图 2-20 手工订货一览表

（6）新车 F/O 零件订货操作顺序：新车 F/O 零件订货进入界面，如果厂家已经上载了零件订货信息则会出现相应链接（图 2-21），点击链接后，出现订货确认界面，点击“订货确认”，完成订货（图 2-22）。

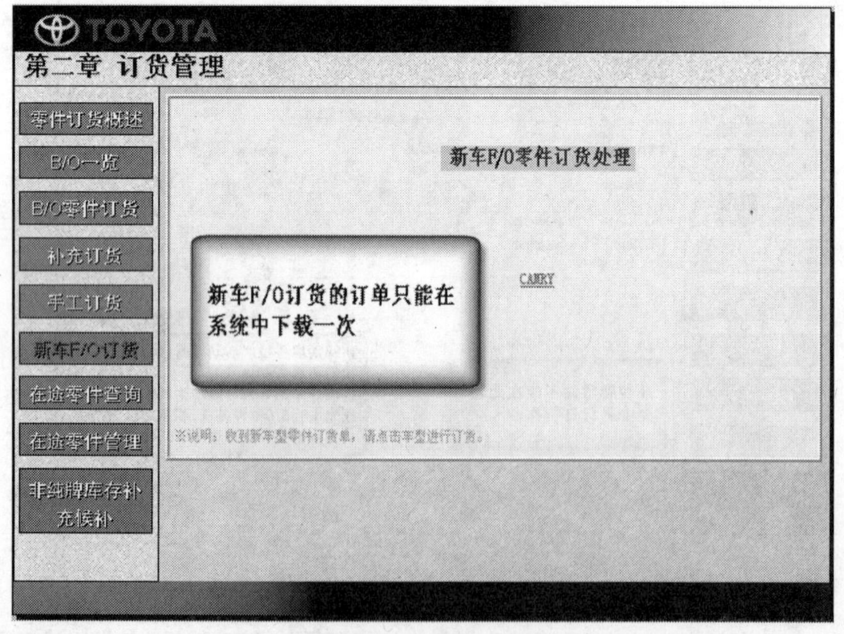

图 2-21 F/O 零件订货界面

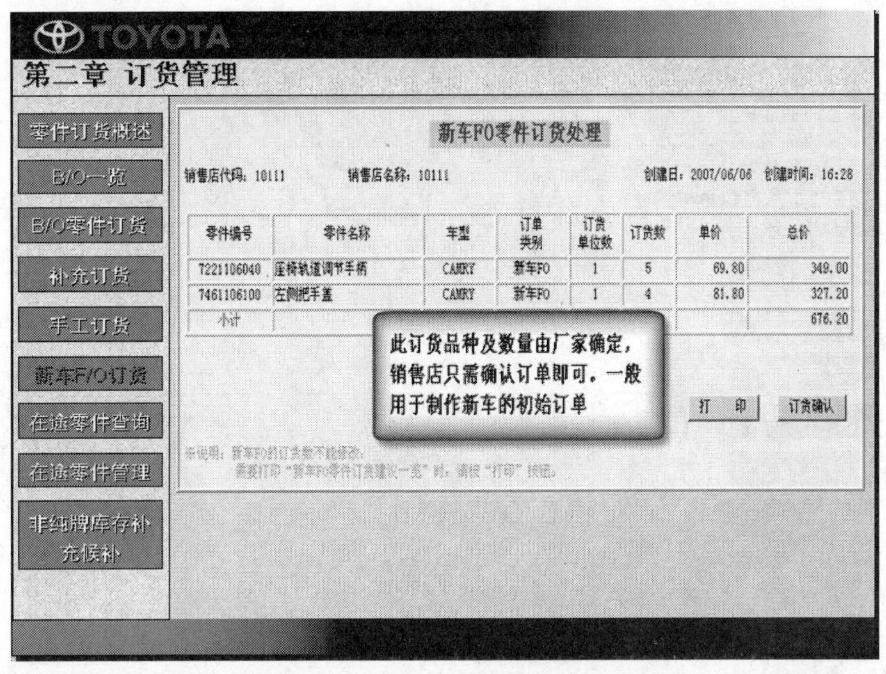

图2-22　F/O零件订货

（7）在途零件查询操作顺序：在途零件查询进入查询输入界面，输入查询条件，按“检索”（图2-23），即可查询出所有在途零件的信息（图2-24）。

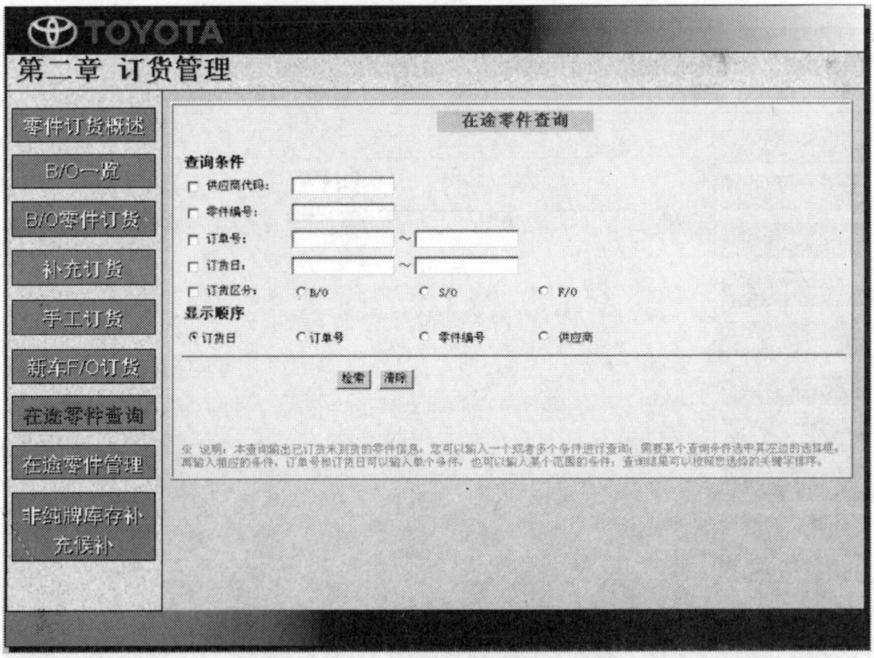

TOYOTA
第二章 订货管理
零件订货概述
B/O一览
B/O零件订货
补充订货
手工订货
新车F/O订货
在途零件查询
在途零件管理
非纯牌库存补充候补
在途零件查询
查询条件
供应商代码：
零件编号：
订单号：～
订货日：～
订货区分：B/O　S/O　F/O
显示顺序
订货日　订单号　零件编号　供应商
检索　清除

图2-23　在途零件查询检索界面

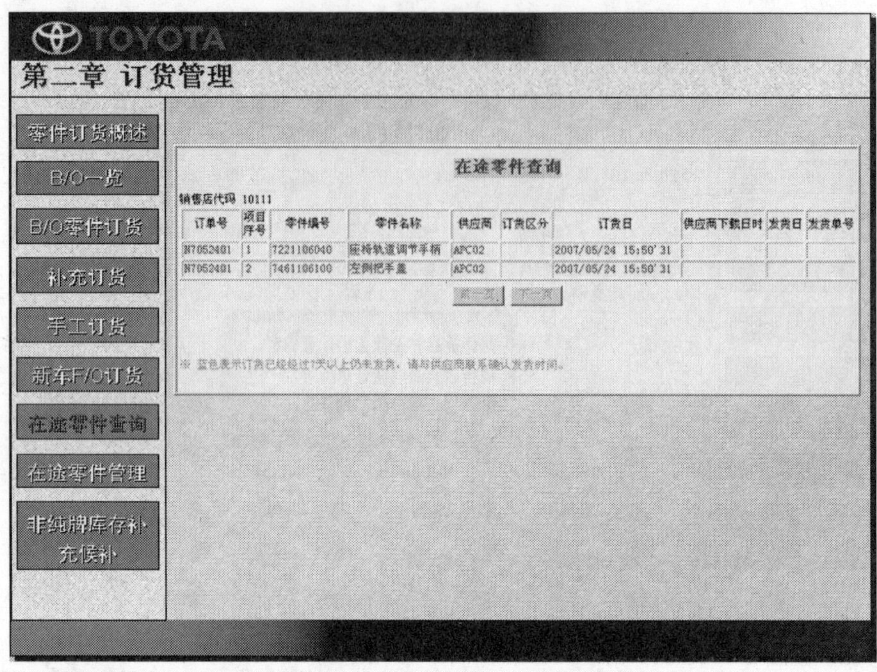

图 2-24　在途的零件信息界面

（8）在途零件删除操作顺序：在途零件管理进入操作界面，输入订单号或零件编号，按“检索”按钮将查询出在途零件信息（图 2-25），在查询结果画面上可以选择删除某些已经过期的订单（图 2-26）。

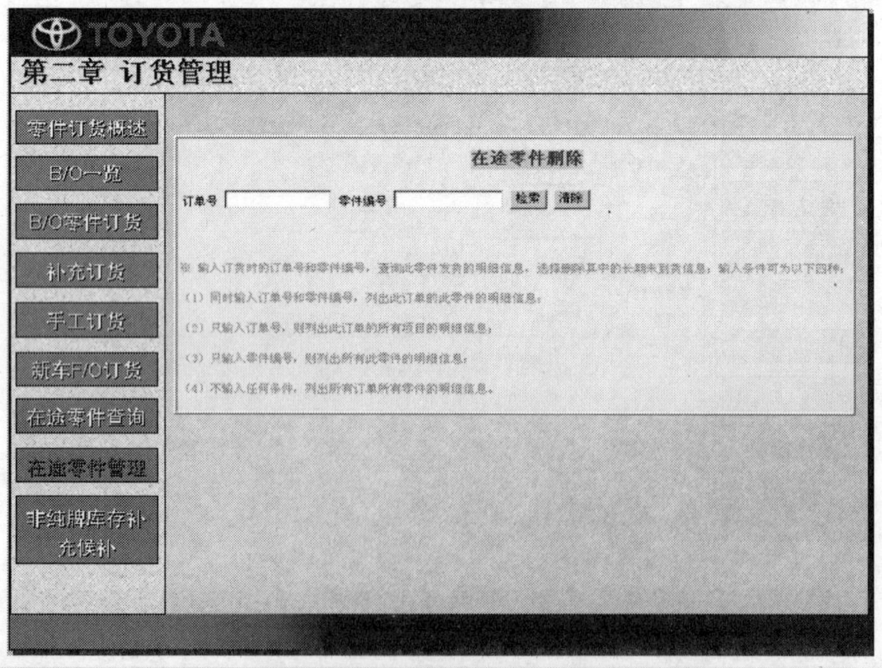

图 2-25　在途零件管理删除操作界面

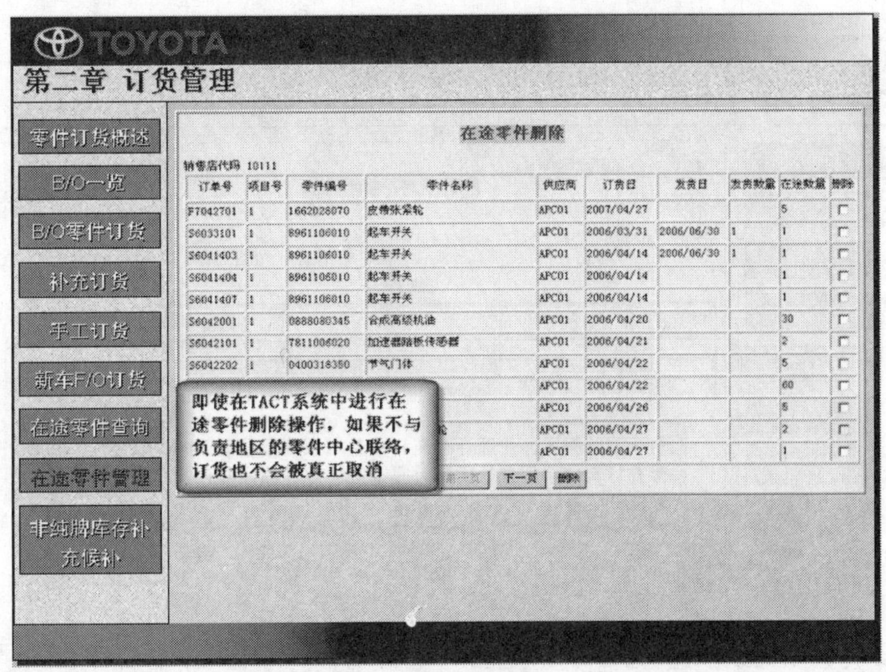

订单号	项目号	零件编号	零件名称	供应商	订货日	发货日	发货数量	在途数量	删除
F7042701	1	1662028070	皮带张紧轮	APC01	2007/04/27			5	☐
S6033101	1	8961106010	起车开关	APC01	2006/03/31	2006/06/30	1	1	☐
S6041403	1	8961106010	起车开关	APC01	2006/04/14	2006/06/30	1	1	☐
S6041404	1	8961106010	起车开关	APC01	2006/04/14			1	☐
S6041407	1	8961106010	起车开关	APC01	2006/04/14			1	☐
S6042001	1	0888080345	合成高级机油	APC01	2006/04/20			30	☐
S6042101	1	7811006020	加速器踏板传感器	APC01	2006/04/21			2	☐
S6042202	1	0400318350	节气门体	APC01	2006/04/22			5	☐
				APC01	2006/04/22			60	☐
				APC01	2006/04/26			5	☐
				APC01	2006/04/27			2	☐
				APC01	2006/04/27			1	☐

图 2-26　在途零件删除

(9) 非纯牌库存补充候补操作顺序：非纯牌库存补充候补进入查询界面，设定条件后按“表示”按钮（图 2-27），弹出的窗口显示非纯牌零件的库存补充候补清单（图 2-28）。

图 2-27　非纯牌库存补充候补查询界面

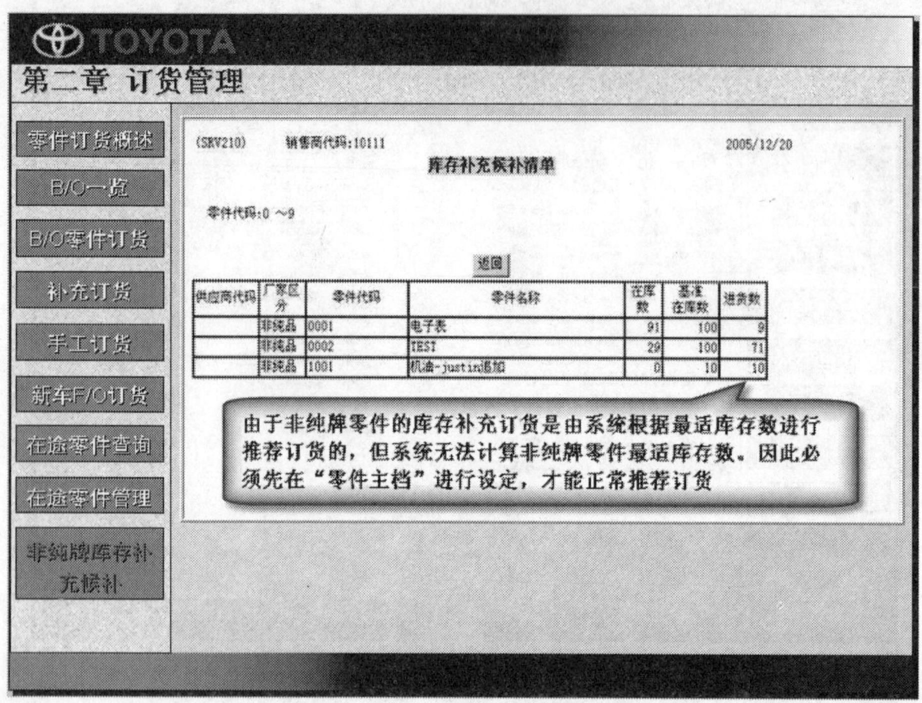

图 2-28　非纯牌零件的库存补充候补清单

单元五　模拟训练

一、汽车备件订货工单（表2-5）

汽车备件订货工单　　表2-5

<table>
<tr><td rowspan="2">任务编号：</td><td colspan="7" rowspan="2">任务名称：汽车备件订货</td><td>成绩</td><td></td></tr>
<tr><td>学时</td><td>90min</td></tr>
<tr><td>姓名</td><td></td><td>学号</td><td></td><td>班级</td><td colspan="3"></td><td>组别</td><td></td></tr>
<tr><td>能力目标</td><td colspan="9">1. 能根据企业需求确定安全库存量，科学拟定采购计划，合理确定订货数量和品种；
2. 熟悉备件订货成单流程，包括库存补充件、客户预定件的订货程序，会运用汽车备件计算机管理系统生成备件订单传给备件供应商或汽车厂商备件部门并进行跟踪；
3. 会拟定汽车备件采购合同；
4. 对工作结果进行有效记录、评价并反馈</td></tr>
<tr><td>设备、工具准备</td><td colspan="9">汽车备件图册、汽车备件电子目录（光盘）、汽车备件管理软件、计算机、打印机</td></tr>
<tr><td>任务要求</td><td colspan="9">根据某企业的备件的订货周期及库存量制定出正确的订货计划，合理选择供货商，拟定采购合同；运用备件订货管理系统有效地完成汽车备件订货环节的操作</td></tr>
<tr><td rowspan="16">任务要点与操作</td><td colspan="7" rowspan="2">任务标准</td><td colspan="2">完成情况</td></tr>
<tr><td>能够做到</td><td>有待改进</td></tr>
<tr><td colspan="7">库存补充件的订货</td><td>学时</td><td>30min</td></tr>
<tr><td colspan="7">1. 根据某备件的订货周期及库存量计算出订货量（和系统自动换算对比）</td><td></td><td></td></tr>
<tr><td colspan="7">2. 进入汽车备件订货管理软件，由库存补充订货进入订货界面</td><td></td><td></td></tr>
<tr><td colspan="7">3. 根据需要调整订货量，生成订货单并上传</td><td></td><td></td></tr>
<tr><td colspan="7">4. 并打印出订货单</td><td></td><td></td></tr>
<tr><td colspan="7">5. 货到验收及上架</td><td></td><td></td></tr>
<tr><td colspan="7">客户预订件的订货</td><td>学时</td><td>30min</td></tr>
<tr><td colspan="7">1. 填订货卡，办订金交纳手续</td><td></td><td></td></tr>
<tr><td colspan="7">2. 进入备件订货管理系统，由B/O件订货进入订货界面</td><td></td><td></td></tr>
<tr><td colspan="7">3. 视需要调整订货量，生成订单并上传</td><td></td><td></td></tr>
<tr><td colspan="7">4. 打印订货单，并根据订单填写B/O看板</td><td></td><td></td></tr>
<tr><td colspan="7">5. 跟踪订货，货到通知SA</td><td></td><td></td></tr>
<tr><td colspan="7">其他</td><td></td><td></td></tr>
<tr><td colspan="7">根据某经销店的备件订货需求，模拟向某备件供应商采购，拟定采购合同</td><td>学时</td><td>30min</td></tr>
<tr><td rowspan="5">考核结果</td><td colspan="5">库存分析合理，订货量计算准确</td><td>A</td><td>B</td><td>C</td><td>D</td></tr>
<tr><td colspan="5">订货操作流程准确</td><td>A</td><td>B</td><td>C</td><td>D</td></tr>
<tr><td colspan="5">熟练系统各项功能</td><td>A</td><td>B</td><td>C</td><td>D</td></tr>
<tr><td colspan="5">采购合同符合要求</td><td>A</td><td>B</td><td>C</td><td>D</td></tr>
<tr><td colspan="5">时间控制</td><td>A</td><td>B</td><td>C</td><td>D</td></tr>
</table>

二、任务指导要点

（1）注意不同类型备件的订货操作流程。

（2）正确分析备件的库存，制订出合理的订货计划。

（3）注意采购合同的关键条款。

三、重点环节

（一）主要知识点

（1）汽车备件管理软件的操作。

（2）库存深度和库存宽度的确定。

（3）B/O 件和 S/O 件的订货程序。

（4）采购合同的关键条款和签订采购合同的注意事项。

（二）操作关键点

（1）区分不同类型备件订货程序。

（2）根据实际情况调整订货量。

（3）上传订单并打印订单。

（4）其他功能的使用，如在途零件查询、删除等。

（三）仿真演练

（1）根据某企业的备件的订货周期及库存量制订出正确的订货计划，合理选择供货商，拟定采购合同，运用订货系统完成汽车备件订货环节的操作。

（2）从实践的过程中大家是否能对订货方法和程序提出自己的见解？

评 价 反 馈

1. 自我评价

（1）通过本学习任务的学习你认为自己是否已经掌握了相关知识并掌握了基本操作技能：

①是否理解备件订货追求的目标？

____

____

____。

②是否能够正确分析备件的库存结构，科学制订备件订货计划？

____

____

____。

③是否熟悉备件的订货程序？

____

____

____。

④是否能够熟练操作汽车备件管理软件的订货功能？

____

____

____。

⑤是否具备初步鉴定备件货源，选择备件进货渠道和方式的能力？

____

____

____。

⑥是否能按要求完成备件采购合同的拟定？

____

____

____。

（2）实训过程完成情况如何？

评价：____

____

____。

（3）能否积极主动参与工作现场的清理、清洁和整顿工作？

评价：____

____

____。

（4）在完成本学习任务的过程中，你和同学之间的协调能力是否得到了提升？

____

____

____。

（5）通过本学习任务的学习，你认为自己在哪些方面还需要深化学习并提升岗位能力？

____

____

____。

签名：__________ ______年______月______日

2. 小组评价

小组评价见表2-6。

小组评价 表2-6

序号	评价项目	评价情况
1	基本知识的掌握情况	
2	任务是否圆满完成	
3	是否在限定时间内完成	
4	是否合理规范地使用实训设备	
5	是否按照安全和规范的要求完成任务	
6	是否遵守实训场地的规章制度	
7	在实训中是否能主动地和他人合作	
8	是否能按要求对实训场地进行清理、清洁	

参与评价的同学签名：______________ ______年______月______日

3. 教师评价

____

____。

教师签名：__________ ______年______月______日

学习任务3　汽车备件出入库管理

学习目标

1. 叙述汽车备件出入库相关要求；
2. 知道汽车备件出入库流程；
3. 分析汽车备件验收、入库及出库过程中的注意事项；
4. 根据汽车备件出入库的规范完成汽车备件验收、入库和出库作业。

任务描述

针对备件的入库，能按规定进行各项检验并验收，合格后放置到合理的地方，并做好入库登记工作。对备件的出库，应按完整的领用手续，根据要求按照不同的出库方法进行财务核算，能对出、入库的备件进行准确的记录存档、进行科学化管理。

学习引导

本学习任务沿着以下脉络进行学习：

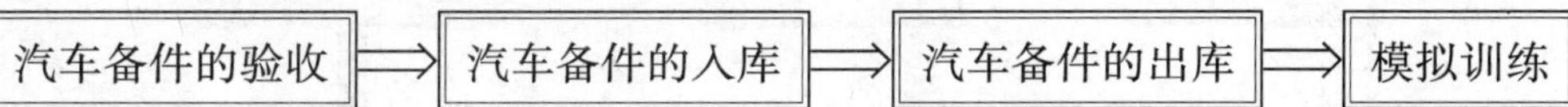

单元一　汽车备件的验收

单元要点

1. 汽车备件验收流程；
2. 汽车备件验收实施方法及步骤；
3. 汽车备件的验收注意事项；
4. 异常情况处理。

相关知识

汽车备件绝大部分是金属制品，此外还有橡胶制品、工程塑料、玻璃、石棉制品等。目前，汽车销售企业经营的汽车配件产品逐渐增多，如各类汽车美容用品、各类油品、液类、车蜡、油漆等。因此在汽车备件入库前一定要按照入库流程对该备件进行严格的检验再入库。

一、汽车备件验收流程

图 3-1 为汽车备件验收流程。

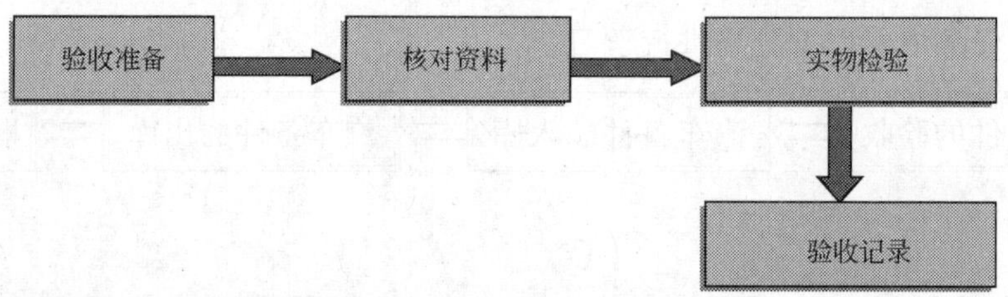

图 3-1　汽车备件验收流程

1. 验收准备

首先需要熟悉收受凭证及相关订货的资料，准备并校验相应的验收工具，如磅秤、量尺、卡尺等，保证计量准确，准备堆码、搬运用的搬运设备、工具以及材料，其次要配备足够的人力，根据到货产品数量及保管要求，确定产品的存放地点和保管方法等。

2. 核对资料

入库产品应具备下列资料：

（1）主管部门提供的产品入库通知单。

（2）发货单位提供的产品质量证明资料。

（3）发货明细表、装箱单。

(4) 承运部门提供的运单及证明其承运资质的必要证件。

仓库须对上述资料进行整理和核对，准确无误后方可进行实物检验。

3. 实物检验

实物检验包括对产品数量和产品质量两个方面的检验。

(1) 数量检验。数量检验是查对到货产品的名称、规格、型号、件数等是否与入库通知单、运单、发货明细表一致。在验收时，验收方应采取与供货方一致的计量方法，如供货方按重量供货，应以公斤为单位进行验收；供货方按件数供货，则应清点件数；供货方按长度换算供货，应以尺计量换算。

(2) 质量检验。质量检验包括对产品的包装状况、外观质量和内在质量的检验。一般仓库只负责包装和外观质量的检验，通过验看外形判断产品质量状况。需要进行技术检验确定产品质量的，则应通知企业技术部门或者取样送请专业检验部门检验。

4. 验收记录

产品验收结果应当及时作出验收记录。验收记录内容主要包括产品名称、规格、供货单位、出厂日期（或批号）、运单号、到达日期、验收完毕日期、应收数量、实收数量、抽查数量、质量情况等。凡遇数量短缺或包装破损的，应注明短缺数量及残损程度，并进行原因分析，附承运部门的现场验收签证或照片，应及时与供货单位交涉，或报上级管理部门处理。处理期间，产品应另行存放，不得与合格产品混存，更不得发放使用，但仍须妥善保管。

二、汽车备件的验收步骤

备件验收步骤如图3-2所示。

图3-2　备件验收步骤

1. 清点箱数

(1) 接收送货单（或货运单）。货运公司送货到门口时，首先接收送货单（或货运单）一式两联，如图3-3所示，作收货准备。

(2) 确认送货单（或货运单）内容。确认送货单（或货运单）上收货单位为本公司名称，确认本次收货的日期和收货箱数，准备收货。

(3) 清点数量。按一个包装标签为一个箱头（件数）进行清点，包装标签如图3-4所示。

清点时确认零件包装标签上的公司名称是本公司的名称，确认包装标签下的发货日期与送货单（或货运单）相符，清点后确认收到的件数（符合上述要求的箱头）与送货单（或货运单）上的一致。

2. 检查包装

对收到的零件逐一检查外包装的完好性，如图3-5所示。

送货单

0910842

收货单位：………………………………

地　址：　　　　　　　　　　　　　电话：…………　　　　年　　月　　日

货　号	名　称　及　规　格	单位	数　量	单　位	金额 十	万	千	百	十	元	角	分	备　注
合计	佰　拾　万　仟　佰　拾　元　角　分				￥								

收货单位及经手人（盖章）　　　　送货单位及经手人（盖章）

图 3-3　货运公司送货单

图 3-4　包装标签

图 3-5　检查外包装

收到的零件外包装不良时，如图3-6～图3-9所示，应打开不良的包装对内装零件进行检查，内装零件破损时，在货运单上必须注明，拍照后向供货商申请索赔。

图3-6　外包装破损

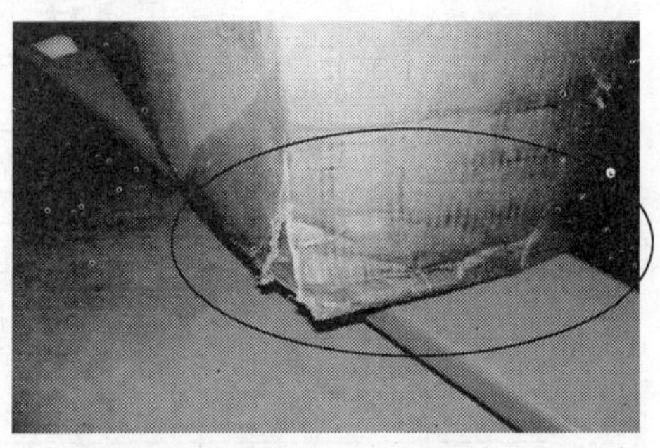

图3-7　零件渗漏

图3-8　外装木箱散架

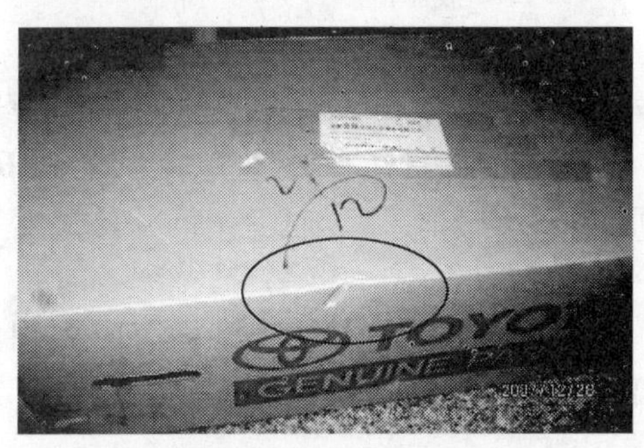

图3-9　外包装有明显痕迹

3. 签收

必须按以上流程验收后，才能签署送货单（或货运单），签署样本如下图：

（1）货物无异常时，签收字样为“实收××件，签收人×××，收货日期×年×月×日”（图3-10）。

送货单

0910842

收货单位：………………………………

地　址：　　　　　　　　　　　　电话：…………　　　　年　月　日

货号	名称及规格	单位	数量	单位	金额								备注
					十	万	千	百	十	元	角	分	
	实收壹拾件												
合计	佰　拾　万　仟　佰　拾　元　角　分				¥								

收货单位及经手人（盖章）　　　　送货单位及经手人（盖章）

图3-10　签收送货单（一）

（2）货物数量不符时，签收字样为“实收××件，欠××件，签收人×××，收货日期×年×月×日”（图3-11）。

送 货 单

0910842

收货单位：………………………………

地　址：　　　　　　　　　　　　　电话：…………　　　　　年　　月　　日

货　号	名称及规格	单位	数　量	单　位	金额 十	万	千	百	十	元	角	分	备　注
	实收捌件，欠贰件												
合计	佰　拾　万　仟　佰　拾　元　角　分				¥								

收货单位及经手人（盖章）　　　　　送货单位及经手人（盖章）

图3-11　签收送货单（二）

送货单（或货运单）签署后一联DLR留存作申请索赔备用，另一联交物流公司带回。

4. 明细验收

（1）取出发票清单。找到标有“内附清单”字样的箱头，打开包装在红色胶袋内取出发票清单，准备验货，如图3-12所示。

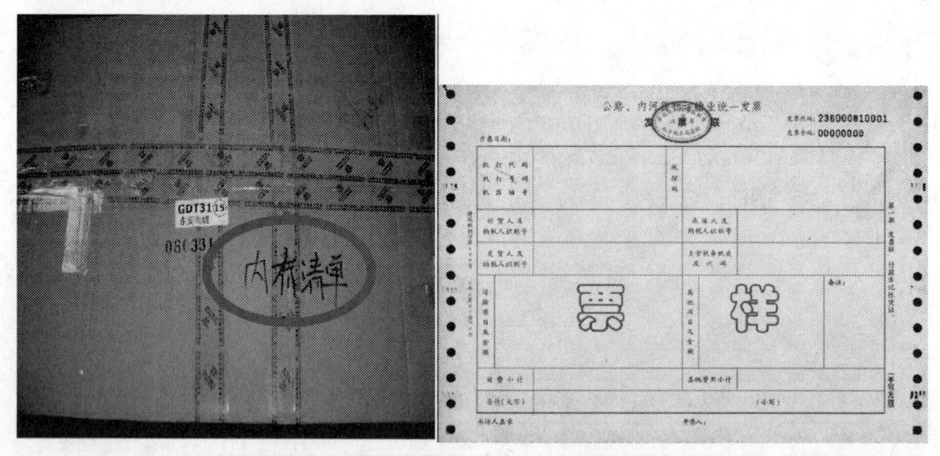

图3-12　发票清单

（2）准备验收工具。准备手推车、篮筐，将到货清单平整夹好，准备开箱验货，如图3-13所示。

（3）确认发票清单为本公司清单。确认全部待验收的发票清单客户名称为本公司的名称。

（4）根据发票清单逐一验收零件。根据发票清单验收零件，逐一核对零件编码、数量，确认零件是否属于开箱检查的范围，如图3-14所示。

图 3-13　准备验收工具

PSO004　　广州丰田服务有限公司之发票清单

客户:(252)三亚丰正华丰田汽车销售服务有限公(　税号:46020079312482X　票号　:S439223
地址:海南省三亚市迎宾大道498号　邮政编号:572011　日期　:2008.04.02
电话:1380769××××　银行:工行东方支行　付款方式:挂账　时间　:12:16.50
运输:汽车　帐户:22010025092000l××××　销售类别 S/O　开票员:DJQ

零件号码	零件名称	车型	原订单号	单位	数量	价格	金额	货位
117801-58040	*空气滤清器纸芯	BB43	S8040201	件	1	160.50	160.50	A1100511
287139-32010	*空调滤清器芯	GRJ120	S8040201	件	1	335.30	335.30	A1120522
387139-33010	*#=空调鼓风机空气滤	ACV30	S8040201	件	1	368.30	368.30	D1022211
490915-YZZJ1	*机油格	SXV20	S8040201	件	10	29.30	293.00	D1010411
5PZD37-30004	*镀金ROYAL SALOON	GRS182	S8040201		3	75.00	225.00	C1290243
8PZD38-02001	*前格栅上装饰框	ZRE151	S8040201		3	204.00	612.00	N1010521
9PZD38-02002	*前格栅下装饰框	ZRE151	S8040201		3	270.00	810.00	N1011721
6PZD46-30010	*运动型前隔栅	GRS182	S8040201		2	921.00	1,842.00	G2023323
7PZD64-30010	*迎宾照明踏板	GRS182	S8040201		2	1,680.00	3,360.00	A1040824
10PZD66-02010	*带转向灯后视镜罩,	ZRE151	S8040201		2	588.00	1,176.00	N1010123

<以下空白>

项目号总计：　10　数量总计　：　28　　销售金额：7,847.95
税额：1,334.15
总金额：9,182.10

第 1 / 1 页

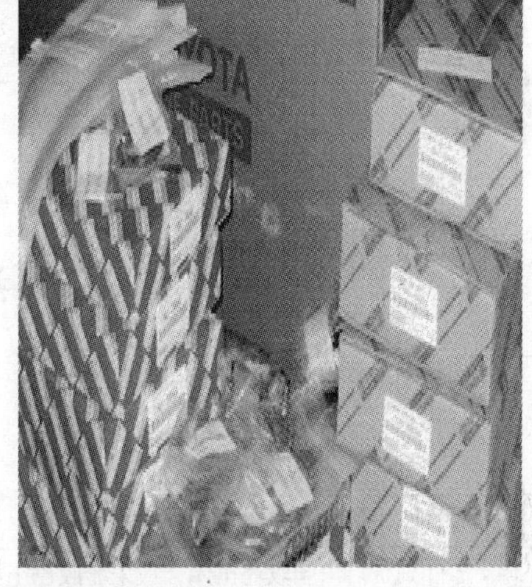

图 3-14　备件验收单

（5）以下零件必须开箱检查：

①零件包装不良（包括有明显碰撞痕迹、破损、漏油等）。

②易损件，如图 3-15 ~ 图 3-18 所示。

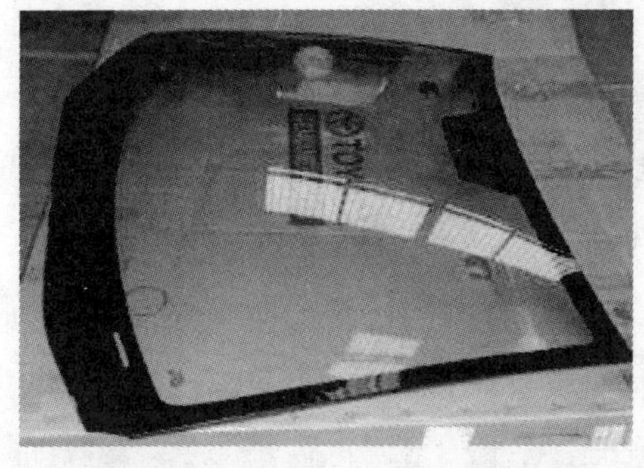

图 3-15　易损件——玻璃

图 3-16　易损件——灯具

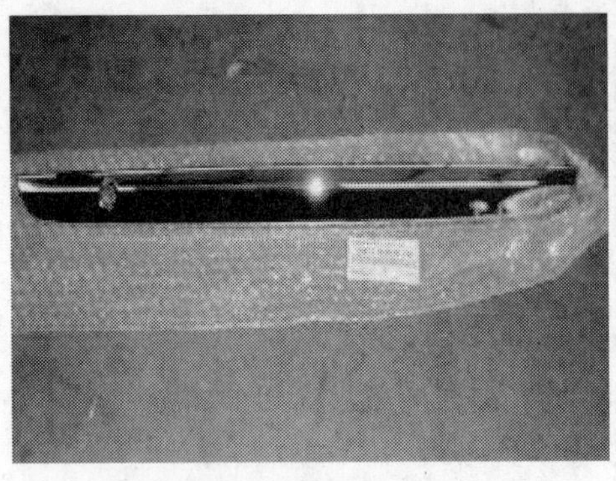

图 3-17　易损件——饰条

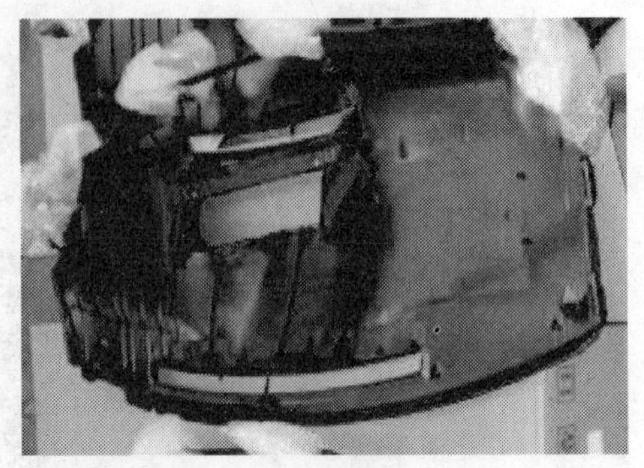

图 3-18　易损件——塑胶制品

③高价值零件，即零件单价在 1000 元以上的零件。

在验收过程中，经常会出现以下几种不良验收的情况，如表 3-1 所示。

不良验收示例　　表 3-1

序号	不良验收状况	易造成的问题
1	零件从外包装取出后放置在地上进行验收，如图 3-19 所示	①验收时容易踩踏零件，造成零件损伤； ②验收与未验收零件不易明确区分，容易造成验收差错
2	先将零件从箱中全部取出，丢弃外包装后再进行验收	①容易出现零件未完全取出，验收完毕后发现短缺，在垃圾堆中找回零件的现象； ②发生货损时未能真实反映零件装箱情况，造成供应商装箱改善工作难以到位
3	验收时未将所有包装完全打开进行验收	容易出现点漏或点错零件
4	零件到货后未验收先出库，或未验收已上架	容易遗漏验收零件，向 FPD 申报错误短缺报告

图 3-19　零件取出后放置在地上进行验收

思考

如何减少验收不良的情况出现？

5. 填验收表

经过以上四个步骤以后，验收人员可以填写验收表格，如表3-2所示。

备件验收表 表3-2

年 月 日 编号

<table>
<tr><td>采购单号</td><td colspan="2"></td><td colspan="3">零件名称</td><td colspan="3"></td><td colspan="3">料号</td><td colspan="3"></td></tr>
<tr><td>供应商</td><td colspan="5"></td><td colspan="3">数量</td><td colspan="6"></td></tr>
<tr><td rowspan="2">检验项目</td><td rowspan="2">标准</td><td colspan="13">抽样结果记录</td></tr>
<tr><td>1</td><td>2</td><td>3</td><td>4</td><td>5</td><td>6</td><td>7</td><td>8</td><td>9</td><td>10</td><td>11</td><td>12</td><td>13</td></tr>
<tr><td></td><td></td><td></td><td></td><td></td><td></td><td></td><td></td><td></td><td></td><td></td><td></td><td></td><td></td><td></td></tr>
<tr><td></td><td></td><td></td><td></td><td></td><td></td><td></td><td></td><td></td><td></td><td></td><td></td><td></td><td></td><td></td></tr>
<tr><td></td><td></td><td></td><td></td><td></td><td></td><td></td><td></td><td></td><td></td><td></td><td></td><td></td><td></td><td></td></tr>
<tr><td></td><td></td><td></td><td></td><td></td><td></td><td></td><td></td><td></td><td></td><td></td><td></td><td></td><td></td><td></td></tr>
<tr><td rowspan="2">结果</td><td colspan="4" rowspan="2">及格
不及格</td><td colspan="6">审核</td><td colspan="4">检验者</td></tr>
<tr><td colspan="6"></td><td colspan="4"></td></tr>
</table>

三、验收注意事项

汽车配件采购员在确定了进货渠道及货源，并签订了进货合同之后，必须在约定的时间、地点，对配件的名称、规格、型号、数量、质量检验无误后，方可接收。

1. 对配件品种的检验

按合同规定的要求，对配件的名称、规格、型号等认真查验。如果发现产品品种不符合合同规定的要求，应一方面妥善保管，另一方面在规定的时间内向供方提出异议。

2. 对配件数量的检验

对照进货发票，先点收大件，再检查包装及其标志是否与发票相符。整箱配件，一般先点件数，后抽查细数；零星散装配件需点验细数；贵重配件应逐一点数；对原包装配件有异议的，应开箱开包点验细数。验收时应注意查验配件分批交货数量和配件的总货量。无论是自提还是供方送货，均应在交货时当面点清。供方代办托运的应按托运单上所列数量点清，超过国家规定合理损耗范围的应向有关单位索赔。如果实际交货数量与合同规定的交货数量之间的差额不超过有关部门规定的，双方互不退补；超过规定范围的要按照国家规定计算多交或少交的数量。双方对验收有争议的，应在规定的期限内提出异议，超过规定期限的，视为履行合同无误。

3. 对配件质量的检验

（1）采用国家规定质量标准的，按国家规定的质量标准验收；采用双方协商标准的，按照封存的样品或样品详细记录下来的标准验收。接收方对配件的质量提出异议的应在规定的期限内提出，否则视为验收无误。当双方在检验或试验中对质量发生争议时，按照《中华人民共和国标准化管理条例》规定，由标准化部门的质量监督机构执行仲裁检验。

（2）在数量庞大、品种规格极其繁杂的汽车配件的生产、销售中，发现不合格品、数量短少或损坏等，有时是难以避免的。如果在提货时发现上述问题，应当场联系解决。如果货到后发现，验收人员应分析原因，判明责任，做好记录。一般问题填写“运输损益单”、“汽车配件销售查询单”查询，问题严重或牵涉数量较多、金额较大时，可要求对方派人来查看处理。

（3）汽车配件从产地到销地，要经过发货单位、收货单位（或中转单位）和承运单位三方共同协作来完成，所以必须划清三方面的责任范围，责任划分的一般原则是：

①汽车配件在铁路、公路交通运输部门承运前发生的损失和由于发货单位工作差错，处理不当发生的损失，由发货单位负责。

②从接收中转汽车配件起，到交付铁路、公路交通运输部门转运时止，所发生的损失和由于中转单位工作处理不善造成的损失，由中转单位负责。

③汽车配件到达收货地，并与铁路公路交通运输部门办好交接手续后，发生的损失和由于收货单位工作的问题发生的损失，由收货单位负责。

④自承运汽车配件起（承运前保管的车站、港口从接收汽车配件时起）至汽车配件交付收货单位或依照规定移交其他单位时止发生的损失，由承运单位负责。但由于自然灾害，汽车配件本身性质和发、收、中转单位的责任造成的损失，承运单位不负责任。

四、异常情况处理

1. 零件短缺（表3-3）

零件短缺情况描述　　表3-3

分类		描述			
		订单	出库清单	实际到货	说明
短缺	少发	A A A	A A A	少货 A A	订单上采购A的数量与出库一致，但实际到货零件数量少
	空包装	A	A	空箱	订单上采购零件A，实际到货零件A为空箱，没有零件

2. 零件多余（表 3-4）

零件多余情况描述 表 3-4

分 类	描 述			
	订单	出库清单	实际到货	说明
多余	A A	A A	多 箱 A A A	订单上采购A的数量与出库一样，但实际到货零件数量多

3. 零件误件（表 3-5）

零件误件情况描述 表 3-5

分 类	描 述			
	订单	出库清单	实际到货	说明
误件	A	A	零件错误 B	订单上采购零件 A，出库清单上为零件 A，但实际到货零件是 B

在验收过程中发现以上三项异常问题时，可以按照表 3-6 要求，提交资料给供货商，以寻求索赔。

异常问题处理要求 表 3-6

原 因	提 供 文 件			
	报告书	相片	其他文件	申报时间
短缺	●		送货单或货运单	收货后一天以内
多余	●	●		
误件	●	●		

除上述的几种情况以外，在汽车备件验收的过程中还经常会遇到采购零件在货运过程中发生破损甚至整箱丢失的情况，此时应按照货运单、发票清单的内容填写零件到货报告书（如图 3-20），并及时要求货运公司出具货运证明，以此向货运公司或者供货商进行索赔。

<table>
<tr><td colspan="2">TO:广州FPD 钟×× Tel:(020)-3628×××× E-mail:parts@gzhttoyota.com</td></tr>
<tr><td colspan="2">以下内容DLR填写：</td></tr>
<tr><td>* DLR名称：广州**丰田汽车销售服务有限公司</td><td>* 联系人：陈×</td></tr>
<tr><td>* 联系电话：36281234</td><td>* 邮箱：****@gzft.com</td></tr>
<tr><td colspan="2">* 零件到货问题分类（请在相应的分类前打“✓”）
1. ☑ 零件发货包装不良　　4. ☐ 物流公司没有按时到货
2. ☐ 零件原包装不良　　5. ☐ 物流公司服务态度不好
3. ☐ FPD没有按作业规范作业（包括没有标注发货日期，没有标注清单放置箱头等）　　6. ☐ 物流公司没有按作业规范作业（包括不提供货运单，多天货合并送，拆包装运输，野蛮装卸等）
7. ☐ 其他</td></tr>
<tr><td colspan="2">* 零件到货问题简要描述：
（描述发生的时间、涉及的发票号和零件号、问题点等。附相片说明更直观）
我公司于2008年03月13日购买一件车顶水槽75555-28021，销售单号：S433812，在验收时发现此配件有受损情况，但修复后能使用。此件为发货包装不良造成损伤，请改善。
报告日期：2008年3月15日</td></tr>
<tr><td colspan="2">FPD回复：</td></tr>
</table>

图3-20 零件到货报告

单元能力检测

头脑风暴：

1. 汽车备件在验收过程中易出现哪些不良验收状况？
2. 如何防止不良验收状况的出现？

做一做：

运用备件验收的几种方法对库存备件进行模拟验收，找出库存中不符合验收标准的备件。

单元二　汽车备件的入库

单元要点

1. 汽车备件入库管理制度；
2. 汽车备件入库流程；
3. 汽车备件入库相关手续。

相关知识

库房在收到汽车备件和相应入库验收单据的情况下，按照库房实物管理制度清点货物，通过入库搬运、安排货位、堆码等工序，按照要求将货物存放到指定地点，并在入库验收单上签字。

一、备件入库管理制度

（1）备件采购回来后首先办理入库手续，由采购人员向仓库管理员逐件交接。库房管理员要根据采购计划单的项目认真清点所要入库物品的数量，并检查好物品的规格、质量，做到数量、规格、品种，价格准确无误，质量完好，配套齐全，并在接收单上签字（或在入库登记簿上共同签字确认）。

（2）对于在外加工货物应认真清点所要入库物品的数量，并检查好物品的规格、质量，做到数量、规格、品种准确无误，质量完好，配套齐全，并在接收单上签字。

（3）备件入库根据入库凭证，现场交接接收，必须按所购物品条款内容、物品质量标准，对物品进行检查验收，并做好入库登记。

（4）备件验收合格后，应及时入库。

（5）备件入库，要按照不同的主机型号、材质、规格、功能和要求，分类、分别放入货架的相应位置储存，在储存时注意做好防锈，防潮处理，保证货物的安全。

（6）备件数量准确、价格不错。做到账、标牌、货物三者相符。发生问题不能随意的更改，应查明原因，是否有漏入库，多入库。

（7）精密、易碎及贵重备件要轻拿轻放。严禁挤压、碰撞、倒置，要做到妥善保存，其中贵重物品应入公司内小仓库保存，以防盗窃。

（8）做好防火、防盗、防潮工作，严禁让与备件部门无关的人员进入仓库。

（9）仓库保持通风，保持库室内整洁，由于仓库的容量有限，货物的摆放应整齐紧凑，做到无遮掩，标牌要醒目，便于识别辨认。

二、备件入库流程

备件入库流程如图 3-21 所示。

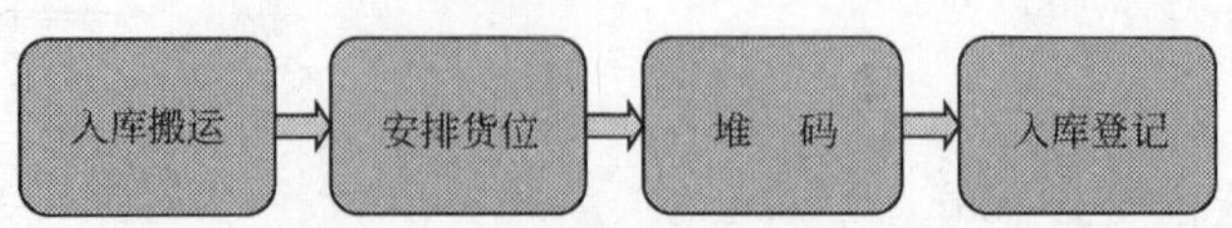

图 3-21　备件入库流程

1. 入库搬运

备件入库搬运的第一步是卸车。由于汽车备件种类繁多，且特征不同，多数卸车是靠人力完成的。

备件的入库搬运包括备件在仓库设施内的所有移动。仓库收到备件后，为了库存管理和出库的需要，有必要在仓库内搬运货物并将其定位。当备件需要出库时，就将所需备件集中起来并将其运送到备件发料区。

一般来说，备件在仓库中至少要有两次或两次以上的搬运。第一次移动是将备件搬运进库并放置在指定的储存位置上。第二次移动是在仓库内部进行的，这次移动是为了备件分选。当需要分选时，备件就被搬运至拣选区。如果备件体积大，则第二次移动就可省去。第三次移动是把汽车公司作业需要的备件从仓库运到发料区。

在搬运当中应当注意的事项主要有：

（1）尽量使用工具搬运，如小型手推车、平板车等，以提高效率。

（2）减少搬运次数，减少搬运时间。

（3）缩短搬运距离，节省人力。

（4）通道不可有障碍物，以防阻碍运输。

（5）应注意人身及产品安全。

（6）各类备件应有明确的产品及路程标志，不可因搬运混乱而造成生产混乱。

2. 安排货位

货位就是指仓库中备件存放的具体位置，在库区中按地点和功能进行划分，来存放不同类别的货物。货位的合理设置，可以方便仓库中对货物的组织，以及出入库时对货物的管理。汽车备件仓库货位的安排主要应遵循以下原则：

（1）尽量充分的利用库存空间，货位布置要紧凑，提高仓容利用率。

（2）能够以最快的速度找到所需配件。

（3）尽量减少在库房中行走的距离，降低搬运配件的劳动强度。

（4）分别存储形状相似的配件，从而降低拿错配件的概率。

（5）随时调整货位安排，满足以上要求。

具体汽车备件仓库的货位安排详见本书“学习任务 5　汽车备件仓储设计”。

3. 堆码

堆码就是将备件整齐、规则地摆放成货垛的作业过程，一般对堆码的作业都要做到以下要求，如图3-22所示。

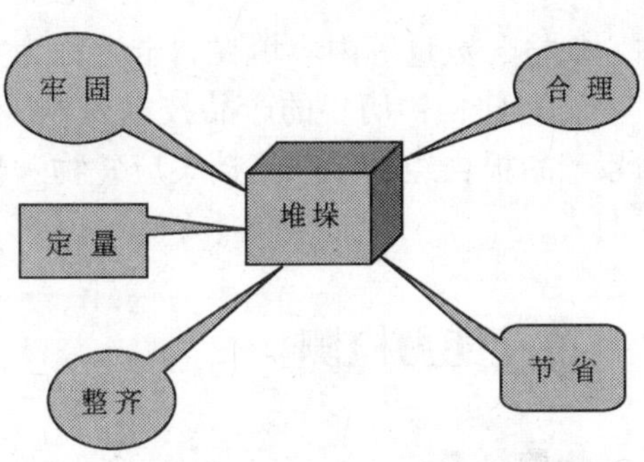

由于汽车备件种类繁多，因此在汽车备件堆码的实际操作中，还需要注意：

（1）同类产品按生产日期、规格单独存放。

（2）不同品种的货物分别放置在不同的托盘上。

（3）贴有“标签”的物品，“标签”应向外与通道平行。

图3-22　对堆码的要求

（4）严禁倒置，严禁超过规定的层级堆码。

（5）货架上物品存放重量不得超过货架设计载荷。

（6）在托盘上码放货物时，托盘间应预留合理距离，以便于移动，并避免货物错放。

（7）手工操作的，每一货物托盘上应放置一张“储位卡”。

小贴士：“四号定位”与“五五堆码法”

目前，汽车公司普遍采用的堆码方式为“四号定位”和“五五堆码法”。

（1）“四号定位”是仓库货位管理的一种有效方法，即用四个号码确定一个货位。这四个号码是库号（库房或货区代号）、架号（货架或货垛代号）、层号（货架或货垛层次代号）和位号（层内货位代号）。

（2）“五五堆码”是指库存物资堆码时以“五”为基本计量单位的物资堆码法。在摆放时，根据物资的不同特点，力求按照材料的不同形状、体积、重量，分类以5、10或其倍数堆码，大的五五成方，高的五五成行，矮的五五成堆，小的五五成包（捆），带孔的五五成串或者根据因地制宜的原则堆码，要求达到横看成行、竖看成线、左右对齐、过目成数、整齐美观，并且各种材料必须有醒目的标志牌。

4. 入库登记

产品经验收无误后即应办理入库手续，进行登账、立卡等手续，妥善保管产品的各种证件、说明、账单资料，入库流程如图3-23所示。

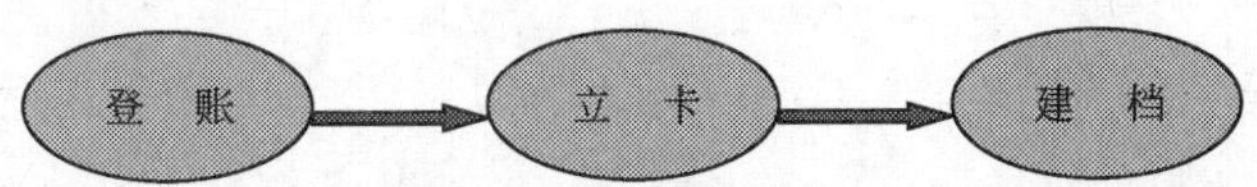

图3-23　入库登记流程

（1）登账：仓库对每一种规格及不同质量（级别）的产品都必须建立收、发、存明细账，以及时反映产品存储动态。登账时必须要以正式的收发凭证为依据。

（2）立卡：料卡是一种活动的实物标签，反映库存产品的名称、规格、型号、级别、储备定额和实存数量。一般料卡直接挂在货位上。货物入库或上架后，将货物名称、规格、数量等内容填在料卡上称为立卡。

(3) 建档：历年的产品技术资料及出入库有关资料应存入产品档案，以便查询，积累产品报告经验。产品档案应一物一档，统一编号，做到账、卡、物三者相符，以便查询。

单元能力检测

头脑风暴：

1. “五五堆码法”有什么优点？
2. 入库过程中应注意哪些事项？

单元三 汽车备件的出库

单元要点

1. 汽车备件出库管理制度；
2. 汽车备件出库流程；
3. 汽车备件出库核算方法；
4. 汽车备件出库要求。

相关知识

对于备件的发放和出库，一定要做到迅速和准确，必须要根据合法的出库凭证，同时要贯彻合理的发放和出库的原则，防止长期积压、生锈和辅料过期变质，通过不同的出库核算方法对库存进行核算，对出库凭证不全的一定不出库，在出库后要做好备件出库的登记。

一、备件出库管理制度

以下为某品牌汽车专营店的备件出库管理制度：

出库管理规定

第一条　仓管部门应在下列几种情况下出货。

1. 维修作业领料
2. 维修换件借用
3. 顾客购买
4. 索赔

第二条　除上述各项出库外公司仓库部可视实际情形的需要出库。

第三条　各项出库均须有统一的领料单证，同时由领取人亲笔签名方可领取。

第四条　使用部门、个人急需用料情形下，库管员可事先电话通知部门负责人方可按领用人的要求正确填写出库单并出库，但事后要补签手续。

第五条　任何出货仓管人员均应于出货当日将有关资料入账以便存货的控制。

第六条　各部门人员向仓管部门领货时应在仓库的柜台办理不得随意自行进入仓库内部，各仓管人员应阻止任何人擅自入内。

第七条　发料人在备件出库时应详细检查商品的性能品质及附件是否优良或齐全。

第八条　备件领出后严禁出货人擅自将所领出的物品移转给其他人或部门。

第九条　库存备件外借，出库后一律限于当天归还仓库。

二、备件出库流程

汽车备件出库流程如图 3-24 所示。

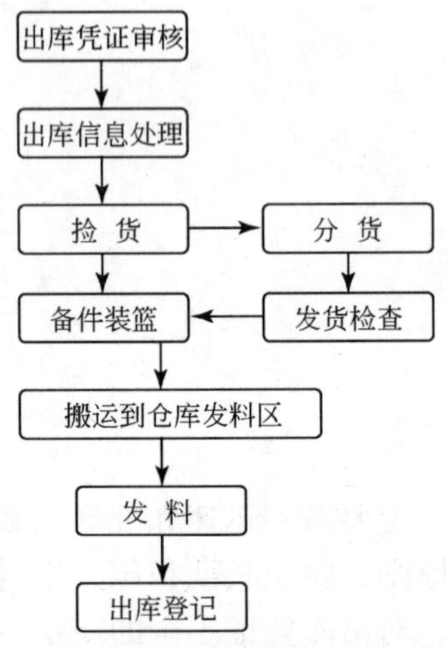

图 3-24 备件出库流程

三、出库核算方法

汽车维修企业一般采用先进先出法、加权平均法或个别计价法确定发出存货的成本。

1. 先进先出法

先进先出法是指根据先购进的存货先发出的成本流转假设，对存货的发出和结存进行计价的方法。采用这种方法的具体做法是先按存货的期初余额的单价计算发出存货的成本，领发完毕后，再按第一批入库存货的单价计算，以此从前向后类推，计算发出存货和结存货的成本。

先进先出法是存货的计价方法之一。它是根据先购入的商品先领用或发出的假定计价的。用先进先出法计算的期末存货额，比较接近市价。

先进先出法是以先购入的存货先发出这样一种存货实物流转假设为前提，对发出存货进行计价的一种方法。采用这种方法，先购入的存货成本在后购入的存货成本之前转出，据此确定发出存货和期末存货的成本。

例：假设库存为零，1 日购入 A 产品 100 个，单价 2 元；3 日购入 A 产品 50 个，单价 3 元；5 日销售发出 A 产品 50 个，则发出单价为 2 元，成本为 100 元。

先进先出法假设先入库的材料先耗用，期末库存材料就是最近入库的材料，因此发出材料按先入库的材料的单位成本计算。

以先进先出法计价的库存商品存货即是最后购进的商品存货。市场经济环境下，各种商品的价格总是有所波动的，在物价上涨过快的前提下，由于物价快速上涨，先购进的存货其成本相对较低，而后购进的存货成本就偏高。这样发出存货的价值就低于市场价值，产品销售成本偏低，而期末存货成本偏高。但因商品的售价是按近期市价计算，因而收入较多，销售收入和销售成本不符合配比原则，以此计算出来的利润就偏高，形成虚增利润，实质为“存货利润”。

由于虚增了利润，就会加重企业所得税负担，以及向投资人分红增加，从而导致企业现金流出量增加。但是从筹资角度来看，较多的利润、较高的存货价值、较高的流动比率意味着企业财务状况良好，同时也会博取社会公众对企业的信任，增强投资人的投资信心，而且利润的大小往往是评价一个企业负责人政绩的重要标尺，不少企业按利润水平的高低来评价企业管理人员的业绩，并根据评价结果来奖励管理人员。此时，管理人员往往乐于采用先进先出法，因为这样做会高估任职期间的利润水平，从而多得眼前利益。

2. 加权平均法

加权平均法也称为全月一次加权平均法，是指以当月全部进货数量加上月初存货数量作为权数，除以当月全部进货成本加上月初存货成本，计算出存货的加权平均单位成本，以此为基础计算当月发出存货的成本和期末存货的成本的一种方法。

$$存货的加权平均单位成本=\frac{(月初结存货成本+本月购入存货成本)}{(月初结存存货数量+本月购入存货数量)}$$

$$月末库存存货成本=月末库存存货数量\times存货加权平均单位成本$$

$$本期发出存货的成本=本期发出存货的数量\times存货加权平均单位成本$$

$$或本期发出存货的成本=期初存货成本+本期收入存货成本-期末存货成本$$

加权平均法，在市场预测里，就是在求平均数时，根据观察期各资料重要性的不同，分别给以不同的权数加以平均的方法。其特点是：所求得的平均数已包含了长期趋势变动。

加权平均法的优点是计算手续简便。采用这种方法的缺点是必须要到月末才能计算出全月的加权平均单价，这显然不利于核算的及时性，而且按照月末加权平均单价计算的期末库存材料价值，与现行成本相比，有比较大的差异。

我们知道，资产负债表中的数据是一个时点数，而利润表中的数据是时期数，财务比率是财务报表中数据的比值。如果计算某一比率时，其中一个数据来自于资产负债表，而另一个数据来自于利润表，来自于资产负债表的数据在整个期间（如一年）内可能是变化的，如股本数、净资产、总资产等，由于取数方法的不同就出现了全面摊薄和加权平均的概念。全面摊薄是指计算时按照期末（如年末）数计算，不取平均数，如用年末股数计算的全面摊薄每股收益。加权平均法是计算平均值的一种方法，是按照权数来进行平均。还有一种就是简单平均法，如计算存货周转率时就采用了简单平均法。

3. 个别计价法

个别计价法又称“个别认定法”、“具体辨认法”、“分批实际法”。采用这一方法是假设存货的成本流转与实物流转相一致，按照各种存货，逐一辨认各批发出存货和期末存货所属的购进批别或生产批别，分别按其购入或生产时所确定的单位成本作为计算各批发出存货和期末存货成本的方法。

个别计价法的优点是计算发出存货的成本和期末存货的成本比较合理、准确。但在实务操作中工作量繁重，困难较大。适用于容易识别、存货品种数量不多、单位成本较高的存货计价。

个别计价法的计算公式：

发出存货的实际成本 = 各批（次）存货发出数量 × 该批次存货实际进货单价

例：某工厂本月生产过程中领用 A 材料 2000kg，经确认其中 1000kg 属第一批入库材料，其单位成本为 25 元；其中 600kg 属第二批入库，单位成本为 26 元；其中 400kg 属第三批入库，单位成本为 28 元。本月发出 A 材料的成本计算如下：

发出材料实际成本 $= 1000 \times 25 + 600 \times 26 + 400 \times 28 = 51800$（元）。

四、出库要求

汽车备件出库要求做到“三不三核五检查”。

1. 三不

“三不”，如图 3-25 所示，即未接单据不登账，未经审单不备货，未经复核不出库。

2. 三核

“三核”，如图 3-26 所示，即在发货时，要核实凭证、核对账卡、核对实物。

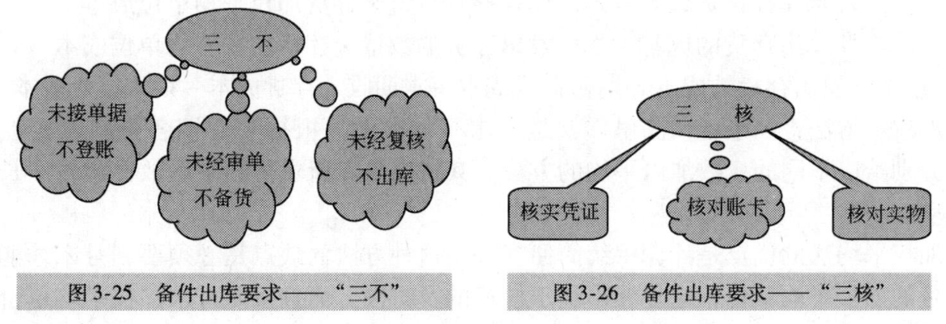

图 3-25　备件出库要求——“三不”

图 3-26　备件出库要求——“三核”

3. 五检查

“五检查”，如图 3-27 所示，即对单据和实物要进行品名检查、规格检查、包装检查、件数检查、重量检查。

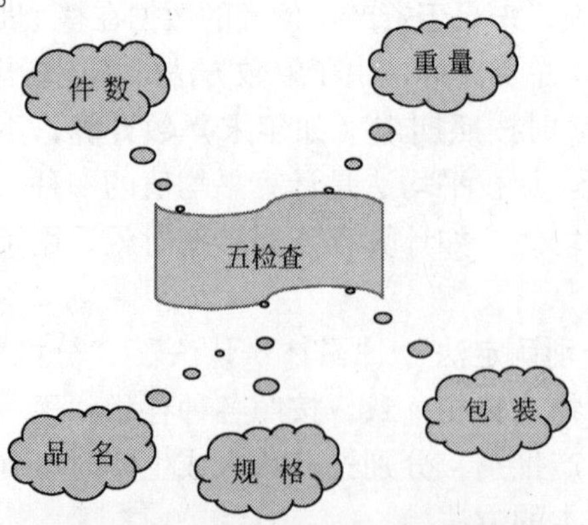

图 3-27　备件出库要求——“五检查”

单元能力检测

头脑风暴：

1. 先进先出法、加权平均法和个别计价法各有什么优缺点？
2. 出库过程中可能遇到些什么样的问题？分别如何应对？

单元四 模拟训练

一、任务工单（表3-7）

任务工单 表3-7

任务编号：	任务名称：对汽车备件进行出入库管理					成绩	
						学时	90min
姓名		学号		班级		组别	
能力目标	1. 能够对入库备件进行验收； 2. 会运用几种备件入库方法； 3. 能按照备件入库流程入库汽车备件； 4. 能够按照各种出库方法进行财务核算； 5. 会对备件进行出库登记； 6. 对工作结果进行有效记录、评价并反馈； 7. 具备质量意识和工作效率意识						
设备、工具准备	汽车备件管理软件、备件出入库单据、备件验收表、维修工单						

任务要求	1. 对即将入库的备件进行验收，做好登记后入库存放； 2. 根据维修工单，查找相应备件，发放登记				
任务要点与操作	任务标准			完成情况	
				能够做到	有待改进
	验收入库				
	1. 准备验收工具				
	2. 核对验收单据				
	3. 检查实物				
	4. 入库登记				
	备件出库工作任务				
	1. 选择出库方法				
	2. 进行出库前“三核”				
	3. 对出库备件进行“五检查”				
	4. 出库登记				
	5. 出库问题处理				
考核结果	验收表	A	B	C	D
	库存备件损坏处理	A	B	C	D
	出库检验	A	B	C	D
	出库问题处理	A	B	C	D

二、任务指导要点

（1）注意验收的各种方法，务必保证验收准确。
（2）依据现实场地正确选择堆码方法。
（3）进行出库财务核算。

三、重点环节

（一）主要知识点

（1）备件验收。
（2）备件入库规定及流程。
（3）备件出库规定及流程。

（二）操作关键点

（1）验收。
（2）入库。
（3）出库。
（4）出库财务核算。

（三）仿真演练

（1）对备件入库前进行验收。
（2）模拟汽车4S店备件仓库进行备件入库。
（3）模拟汽车4S店备件仓库进行备件出库并登记。

评 价 反 馈

1. 自我评价

（1）通过本学习任务的学习你认为自己是否已经掌握了相关知识并掌握了基本操作技能：

①是否能够熟练操作汽车配件管理软件？

____。

②是否能够对入库备件进行仔细检查？

____。

③是否能够对入库备件进行合理堆码？

____。

④是否能够对出库备件进行成本核算？

____。

⑤是否能对出库备件进行完整登记？

____。

（2）实训过程完成情况如何？

评价：____。

（3）在完成本学习任务的过程中，你和同学之间的协调能力是否得到了提升？

____。

（4）通过本学习任务的学习，你认为自己在哪些方面还需要深化学习并提升岗位能力？

____

____。

签名：__________ ______年______月______日

2. 小组评价

小组评价见表3-8。

小组评价 表3-8

序号	评价项目	评价情况
1	基本知识的掌握情况	
2	任务是否圆满完成	
3	是否在限定时间内完成	
4	是否合理规范地使用实训设备	
5	是否按照安全和规范的要求完成任务	
6	是否遵守实训场地的规章制度	
7	在实训中是否能主动地和他人合作	
8	是否能按要求对实训场地进行清理、清洁	

参与评价的同学签名：__________ ______年______月______日

3. 教师评价

____

____。

教师签名：__________ ______年______月______日

学习任务4　汽车备件库存管理

学习目标

通过本任务的学习，懂得备件仓库管理和库存控制以及仓库库存盘点的方法及结果的处理：

1. 叙述5S管理的含义，5S管理对工作人员的要求以及考评标准；
2. 知道仓库日常管理要求；
3. 根据备件出、入库记录对动态变化库存备件完成日常盘点作业，根据备件清单对备件仓库完成定期盘点作业；
4. 能够分析盘亏、盘盈的原因并对结果作出正确的处理，能正确判断呆滞备件，并作出正确的处理。

任务描述

对头天的配件出入库情况进行核实，打印头天配件出入库记录，汇总在盘点表进行账实盘存，对账实不符的情况查找原因并进行处理。按照定期盘点的要求对仓库内的配件进行盘存，一是核实账实是否相符，二是对呆滞配件进行相应处理。

学习引导

本学习任务沿着以下脉络进行学习：

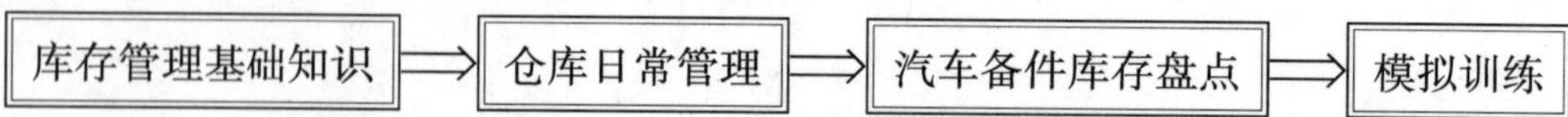

单元一　库存管理基础知识

单元要点

1. 5S 管理的含义；
2. 5S 管理对工作人员的要求；
3. 备件仓库 5S 管理要求及考评标准。

相关知识

为了更科学的进行库存管理，也为了有一个安全的、高效的、高品质的、人际和谐、精神状态朝气蓬勃的工作环境，同时使本企业能够实现降低成本、降低损耗、提高零件供应率，最终实现提高顾客满意度这一目的，要求备件仓库实现 5S 管理。

推行 5S，不仅能改善生产环境、提高产品品质，更重要的是通过推行 5S 能改善员工精神面貌，培养和吸引一流的人才，缔造一流的企业。一个企业或部门没有正常执行 5S，就没有好的业绩或者没有好的精神面貌。

备件部门除了做好前面提到的订货管理、出入库管理之外，还应该进行科学的库存管理，其中包括 5S 管理和日常管理。

一、5S 管理的含义（图 4-1）

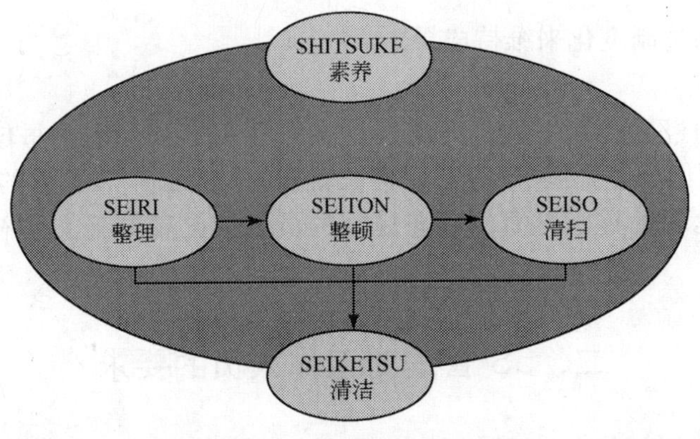

图 4-1　5S 管理的含义

5S 就是整理（SEIRI）、整顿（SEITON）、清扫（SEISO）、清洁（SEIKETSU）、素养（SHITSUKE）五个项目，因日语的拼音均以“S”开头，英语也是以“S”开头，所以简称 5S。

5S起源于日本，通过规范现场、现物，营造一目了然的工作环境，培养员工良好的工作习惯，其最终目的是提升人的品质。

1. 1S——整理

（1）定义：将工作场所任何东西区分为有必要的与不必要的，把必要的东西与不必要的东西明确的、严格的区分开来，不必要的东西要尽快处理掉。

（2）目的：腾出空间，空间活用；防止误用、误送；塑造清爽的工作场所。

整理过程中经常有一些残余物料、待修品、待返品、报废品等滞留在现场，既占据了地方又阻碍生产，包括一些已无法使用的工夹具、量具、机器设备，如果不及时清除，会使现场变得凌乱。

仓库摆放不要的物品是一种浪费。即使宽敞的工作场所，也会因为乱堆乱放变窄小。货架被杂物占据而减少使用价值，也增加了寻找工具、零件等物品的困难，浪费时间。物品杂乱无章的摆放，增加盘点的困难，造成成本核算失准。

2. 2S——整顿

（1）定义：把整理后留下的物品依照规定定位、规定方法摆放整齐，明确数量，标示清楚。

（2）目的：经过整顿后，留下的物品安置在能发挥作用的场所，使现场管理处于稳定、有序的状态。

3. 3S——清扫

（1）定义：将工作场所内所有的地方清扫干净，包括工作时产生的灰尘、油泥，工作时使用的仪器、设备和材料等。

（2）目的：消除脏污，保持职场的环境卫生。

4. 4S——清洁

（1）定义：经常性的做整理、整顿、清扫工作，即将上面3S实施的做法制度化、规范化，维持其成果。

（2）目的：通过制度化来维持成果。

5. 5S——素养

（1）定义：通过晨会等手段，提高全员文明礼貌水准。培养每位成员养成良好的习惯，并遵守规则做事。开展5S容易，但长时间的维持必须靠素养的提升。

（2）目的：培养具有好习惯、遵守规则的员工，提高员工文明礼貌水准，培养团队精神。

二、5S管理对工作人员的要求

备件仓库人员应该按照5S管理的要求规范日常工作，养成良好的工作习惯。

（1）自己的工作环境须不断的整理、整顿，物品、材料及资料不可乱放。桌面及抽屉定时清理，非立即需要或过期（如三天以上）资料，物品入柜管理或废弃。物品、工具及文件等要放置于规定场所。茶杯、私人用品及衣物等定位摆放。资料、维护卡、点检表定期记录，定位放置。个人离开工作岗位，物品整齐放置。

(2) 作业场所予以划分，并加注场所名称。划定位置摆放不合格品、破损品及使用频度低的东西。

(3) 通路必须经常维持清洁和畅通。消耗品（如抹布、手套、扫把等）定位摆放，定量管理。

(4) 下班前确实打扫、收拾，扫除垃圾、纸屑、烟蒂、塑胶袋、破布，清理擦拭设备、工作台、门、窗。

(5) 灭火器、配电盘、开关箱、电动机、冷气机等周围要时刻保持清洁。

(6) 物品、设备要仔细的放，正确的放，安全的放，较大较重的堆在下层。

(7) 保管的工具、设备及所负责的责任区要整理。

(8) 如沾有油的抹布等易燃物品，定位摆放，尽可能隔离。

(9) 使用公物时，能确实归位，并保持清洁（如厕所等使用）。

(10) 遵守作息时间（不迟到、早退、无故缺席），工作态度良好（无谈天、说笑、离开工作岗位、呆坐、看小说、打瞌睡、吃东西等现象）。

(11) 注意上级的指示，并加以配合，遵照工厂的规定做事，不违背厂规。

三、备件仓库5S管理要求及考评标准

1. 备件仓库5S管理要求

备件仓库5S管理要求对仓库内货架进行正确的标志，对备件进行整齐的摆放，对不同类别的备件归类摆放，并对整个备件仓库进行清洁和整顿。

(1) 仓库内不要堆放多余的物料

①物料存放在规定的存放区域。

②对仓库内的物料进行控制。

③物料应有标志。

④物料应该存放在一个安全的地点。

⑤对报废的物料应该进行控制，报废的零件不应与合格的零件混在一起。

⑥物料不应堆放在过道上。

(2) 各种物料应有明确标志

①所有物料应被定义存放区域和标志。

②状态不清的和报废的零件存放在生产线的边上，与合格品分离，并正确地进行了标志。

③材料存放在安全的地方。

④没有手套、废纸和旧标志等垃圾混杂在物料中。

(3) 按照不同材料进行存放

①多余的物料存放在远离生产线的地方，原材料区进行了清晰的标志。

②所有的油脂、气体等化学物品的警示说明悬挂在使用地点。

③所有的材料都有明确的标志。

④所有的货架上都有材料标志。

⑤在过道上不应有物料。

(4) 合理进行物料管理

①物料总是存放在合理的位置，标志放在能看到的一面。

②材料存放在可回收的周转箱。

③如果实施了看板，员工总是正确地使用看板卡进行生产和送料。

2. 5S 考评标准

为了让备件部门更好的进行5S管理，在此制定了仓库5S评分表，如表4-1所示。

仓库5S评分表 表4-1

仓库5S评分表（评分标准为90分合格）			
检查日期：	检查人：		
项目	考 核 内 容	所占分值	得分
1	仓库如发现不用的物料或报废的物料，应及时与相关部门沟通，及时清理掉，并做好状态标志	4分	
2	把长期不用但具有可用价值的物料，按指定区域定点防护存放，并标记好物品属性，存放日期，最长使用期限，必要时申请工程技术人员进行实物判定确认，清盘时应再次做好防护处理	4分	
3	物料、物品、成品要按指定区域分类规划，放置时要做到安全、整齐、美观并成水平直角摆放，并要有标志和品质状态	7分	
4	物料、物品要做到账、物、卡三物一致	10分	
5	区域通道和消防通道要保持畅通无阻，不脏乱，区域识别油漆线则根据实际损毁情况，(应在油漆脱落辨别不清时）进行重复划线以便区域识别，通道用绿色，物品放置区用黄色，不良品区用红色油漆	8分	
6	部门设备要自行清洁、维护，对共用设备、载具由部门负责人安排清洁、维护，需维修时应填写维修标志卡，并填写好时间、报修人、部门等内容	5分	
7	物料架和物料要摆放整齐，各区域负责人必须负责好区域内的物品，防护清洁整理工作，并且要保护好状态标志	4分	
8	地面、墙面、楼梯、办公桌椅、电器设备等要保持畅通无阻，任何情况下都不准堵塞电闸同消防栓	6分	
9	仓库通风要好保持干燥清爽的环境，灯具、安全网、电梯、风扇、窗户等设备以及卫生死角，各区域负责人要随时清扫，清洁维护防护，禁带火种入库，出现故障要及时报修	8分	
10	仓库区域物品要做好各种安全防护措施，防护雨布不用时要折叠保管，定点存放，对非人为破坏的雨布及其他防护用品确实不能修复的应做报废处理，在报废前由企管部对实物进行检查核实	6分	
11	物品卸载时要轻拿轻放，对超重物品或带有毒性的物品不准单人运载，装卸完物品后要及时清扫现场，将落于地面的物品和垃圾及时清理完，各类搬运载具在空置时要成水平直角摆放在指定区域	6分	

续上表

项目	考核内容	所占分值	得分
12	不准随意踩、坐物品同运输载具，对搬运人员设置指定休息区域，同时规划好个人物品、饮具，统一存放一处，环境要保持整洁、美观，人离时休息区要恢复原状	6分	
13	仓库主管或班（组）长每月要在上、中、下旬三个时间段内自行安排下属人员学习5S知识，并将学习记录交由企管部5S小组负责人，5S工作组根据学习内容与学员签到情况进行评分	8分	
14	办公室有效文件、资料、相关记录和其他物品，要分类规划，作定点防护存放，在使用过程中，文件资料记录要做好保管措施，（如包装、捆扎等）尽量避免肮脏破烂，以便于查找、保存	6分	
15	办公区、地面、墙面、桌椅要摆放整齐，清洁干净，抽屉内要整洁不杂乱，人行通道要保持畅通无阻，电器设备要做好安全防护措施，不准在办公室内抽烟	4分	
16	仓库工作人员应尽力避免在工作时与交接人员发生争吵，不能自行处理的事情，应立即请求部门负责人协助处理解决，要使用文明用语，熟悉使用电话礼仪	4分	
17	不准在仓库打瞌睡、吃零食、看小说、串岗、聚集聊天、追逐嬉戏打架、骂人，着装要整洁，待人礼貌，使用文明用语，掌握电话礼仪。工作要主动、热情，有强烈的时间观念	4分	
18	总分		

单元能力检测

头脑风暴：

1. 5S管理的含义？
2. 备件仓库5S管理的要求是什么？

单元二　仓库日常管理

单元要点

1. 仓库管理员岗位基本职责；
2. 仓库日常管理要求；
3. 库存备件的日常维护；
4. 查询备件库存信息。

相关知识

一、仓库管理员岗位基本职责

仓库管理员日常工作职责是做好仓库备件的管理，对备件的质量进行验收，对仓库的安全工作进行定期检查，同时与备件部门其他人员及时沟通和协调工作。

（1）对库存管理工作严格按照仓库保管七原则及5S实施。

（2）掌握查询该品牌车型的零件编码体系的方法。

（3）掌握查询该品牌新旧车型零件的应用知识。

（4）接到零件的货单后，一定要严格按照该品牌的接货程序进行验收与收货。

（5）对于预留的零件，仓库管理员必须合理的安排好预留仓位，同时立即填写好到货通知书，及时提交给发货员以便及时通知维修前台进行零件领取。

（6）到货通知书必须有订货人员（零件部柜员）确认签字后，一联由零件部柜员提交给维修前台，另一联由仓库管理员贴在预留仓位上进行标示。

（7）认真做好库房内防火，防水工作，及时发现隐患，及时报告。

（8）如遇到休息与休假时，应把所遗留或未完成的工作进行书面交代给代工的同事。

（9）在日常工作中，必须与零件部各岗位人员及时沟通，并协调各部门做好工作。

二、仓库日常管理要求

1. 备件仓库日常管理原则

备件仓库的日常管理可以提高备件的供应率，同时降低损耗，因此科学的日常管理尤为重要。备件仓库日常管理应该遵循下列原则。

（1）仓库管理员必须保证仓库库容整洁、有序，通道畅通，并负责配件的验收、保管、发放及盘点工作。

（2）对每天的入库状态进行复核，从系统下载每天的入库明细表核对每笔入库，对于错误入库的零件及精品，应及时上报零件部主管说明问题所在，并立即进行纠正处理。

(3) 对到货的备件进行检查时，如发现数量与随货清单不相符的，应及时与配件计划员说明，并向供应商反馈。如发现入库备件有质量问题应及时按程序向供应商索赔。

(4) 每天必须进行动态盘点，及时将仓库待料情况反馈至配件计划员，减少备件的待料时间，提高备件的供应率。

(5) 每天对备件库存区域、收发货区域进行检查，及时进行合理的调整，对于预留的备件给予合理的仓位，预留备件架上的备件每周清理一次，把时间超过半个月的预留件，及时编制好存放仓位，调整摆放于货架上，并做好登记及标示工作。

(6) 必须做好日常盘点跟进工作及定期盘点工作，并对库存进行分析，如对超出异常的备件，应及时通报给零件部主管。

(7) 必须按照要求把库存备件分类存放，做到标志清楚，摆放整齐，便于搬运。

(8) 每种备件必须确定其安全库存量，并根据实际库存情况及时提出采购。安全库存量每年至少要重新评估一次，以满足公司发展和市场变化的要求。

(9) 做好仓库的防漏、防潮检查，如发现仓库漏雨，应及时报部门领导并通知相关部门处理。

(10) 备件进出库，配件员应及时把相应的数据输入电脑，做到数据库、物、号三者相符。

(11) 验收不合格的备件禁止办理入库手续。由采购员立即通知供应商作退货处理，不能及时处理的退货，由仓管员存放于指定的地点并做好标志。

(12) 保持仓库环境清洁卫生。

(13) 保持仓库及四周水电设施、消防器材完好。

(14) 验收合格的备件，验收人员签字后由仓管员在物料包装上注明备件的入库日期后搬入仓库分类上架。

(15) 对于预约服务订购的备件，须按客户分类存放于预约服务备品专柜，并标明客户姓名。

(16) 对每天的订单上每一项 B/O 零件（包括 S/O、E/O、VOR、F/O 的在途零件）进行全方位的跟踪，把相应备件到货状态及时反应在 B/O 看板上，让所有的备件部同事及时了解所有的 B/O 备件的状态。

(17) 常用备件应放置在靠近仓库的发料处。

(18) 备件存放形式需科学合理、便于发放，并保持包装完好。

(19) 所有备件均按大类分组摆放，并必须标有配件号。对库存备件遵循先进先出的原则，以保证备件仓库处于良性循环。

(20) 经过变更的新备件要与未变更的旧备件分开存放，并按先进先出的原则处理。

(21) 备件仓库中油漆和易燃物必须有专门的存放区域，与其他备件隔离。

(22) 按照 5S 的要求进行仓库管理。

特别提示

B/O＝E/O：紧急订货（备件在仓库库存范围外的）。

S/O：日常的零件补货（备件在仓库库存范围内的）。

VOR、F/O：超紧急订货（订货的方式不同，前者是空运，后者是海运）。

2. 备件仓库摆放要求

（1）常用备件放在最靠近主通道的地方。

（2）常用备件放在最容易着手的地方（货架中间层）。

（3）重的备件放在下层，轻的备件放在上层。

（4）同种备件要放在一个货盒，一个备件只能有一个货位号。

（5）同种备件要尽量堆集，留出空间存放新车型备件。

（6）堆集时备件标签向外，字码要向上。

（7）无法把备件标签向外的，在外包装朝外方向写上备件编号。

（8）不能平放的备件要竖着放，如车门，发动机盖等。

（9）通道上绝对不能堆放备件。

（10）易燃品（如机油、化清剂等）要单独存放。

（11）玻璃一定要小心放置，摆放在不易被刮到的位置。

3. 备件部门管理考核指标

备件仓库每月均进行以上指标的考核，表4-2为某品牌备件部门管理考核评分表。评价OK为合格，NG为不合格，不合格的项目必须在后面的备注说明情况和原因。通过定期考核可以查找工作中的不足，加以改正。

备件部门管理考核评分表　　表4-2

项　目			序号	要　点	评价	备注
安全（备件仓库）			1	不存在人或物品从高处跌落的安全隐患	OK/NG	
			2	所有的危险品都已经按照当地安全条例存放	OK/NG	
	5S	整理	3	仓库里不存放没有需求的备件	OK/NG	
		整顿	4	不将备件或其他物品摆放在通道上	OK/NG	
			5	备件没有伸出货位之外	OK/NG	
			6	灭火器、急救包和电源开关等工具周围保持干净，以方便使用这些工具	OK/NG	
		清扫	7	定期打扫仓库和维护设备	OK/NG	
		清洁	8	保持仓库整洁	OK/NG	
			9	员工制服干净整洁	OK/NG	
		维持	10	有制度规定对上述内容进行每天维护	OK/NG	

续上表

项　目		序号	要　点	评价	备注
安全（备件仓库）	保管（7原则）	11	按产品类型存放（将种类和大小相似的备件存放在一起）	OK/NG	
		12	长型备件（如车身件和消声器）竖直存放	OK/NG	
		13	备件存放于手可达到的高度（以便安全、高效提取）	OK/NG	
		14	重物下置	OK/NG	
		15	一个备件号一个货位	OK/NG	
		16	当库存出现异常时，使用异常料位管理	OK/NG	
		17	快流件存放在方便出库的地方	OK/NG	
特殊订货备件处理	货架	1	备件部为特殊订货备件设置专用货架	OK/NG	
	制度	2	在专用货架上，设立了对零件按照预约日期进行区分的制度（清楚标志出第二天的预约顾客必需的备件）	OK/NG	
		3	在专用货架上，按照顾客对备件进行分类，并分别存放	OK/NG	
		4	在专用货架上，标注清楚区分没有预约的备件，并按施工单对每个B/O备件的到货状态进行管理	OK/NG	
	与服务部的合作	5	在没有确定预约日期而所有修理所需的特殊订货备件都到货的情况下，备件部要立即通知服务部该备件的到货情况	OK/NG	
		6	同时，备件部要求服务部（服务顾问）预约顾客后，要及时告诉备件部相应的预约时间	OK/NG	
		7	如果服务顾问没有立即将预约时间通知备件部，备件部是否主动对服务部进行跟进以确认预约时间（对滞留备件进行异常管理）	OK/NG	
	对失约的预防和处理	8	是否设置了货架，以存放那些未按预约时间到店修理的顾客所需要的备件	OK/NG	
		9	是否有标志按施工单管理那些未按预约时间到店修理的顾客所需要的备件	OK/NG	
		10	备件部跟踪服务部对不能按照预约时间到店修理的顾客进行跟进，并确保得到服务部门关于顾客更改预约时间或取消预约（如不再需要备件）的通知	OK/NG	
		11	如果总代理商和经销商之间有回收政策，货架上对因客户未进场而未领取的备件有明确的回收期限	OK/NG	
		12	如果备件因为顾客不能按照预约时间到店修理而未被使用，有回收政策时，备件按照设定的回收期限被回收 无回收政策时，备件根据经销店的标准处理（如报废）	OK/NG	

三、库存备件的日常维护

汽车备件的存储必须根据不同的材料、结构形态和质量以及技术性能等多方面的要求，区别具体情况，提出不同的存储条件。为了确保汽车配件存储安全，避免存储期间发生配件霉变、失准、变形、破碎等现象，必须采取相应措施，安全存储。做好保管工作，不仅要求保管过程中备件的品名、规格、数量账实相符，而且更应保证其使用质量不受损坏。一旦发现库存备件异常，必须及时报告，以便采取维护措施，尽早和尽可能地挽回产品在保质期内的损失。

1. 汽车备件的存储条件与措施

（1）汽车备件存储条件。

①仓库的密封。仓库密封就是把整库、整垛或整件商品尽可能地密封起来，减少外界不良气候条件对其影响，以达到商品安全储存的目的。

密封储存的形式有四种：整库密封、按垛密封、货架/柜/橱密封、按件/箱密封，日常仓库中采用按件/箱密封。

②通风。通风就是利用库内外空气温度不同而形成的气压差，使库内外空气形成对流，来达到调节库内温湿度的目的。

按通风的目的不同，可分为利用通风降温、增温和利用通风散潮两种。

③吸潮。吸潮是与密封配合，用以降低库内空气湿度的一种有效方法。在梅雨季节或阴雨天，当库内湿度过大，又无适当通风时机的情况下，在密封库里常采用吸潮的办法，以降低库内的湿度，常采用吸潮剂或去湿机吸潮。

（2）汽车备件存储措施。所有汽车备件都应存储在仓库或有遮盖的干燥场地内，无有害气体侵蚀和影响，且通风良好，不得与化学性、酸碱性备件一起存放。

存储汽车备件的仓库应保持相对湿度不超过75%，温度在20～30℃之间。对于橡胶产品，特别是火补胶，则须在能够保持环境温度不超过25℃的仓库内存放，以防止老化，保证安全。

对于电器备件、橡胶制品备件、玻璃制品备件，由于这些备件自重小，属于轻抛产品，不能碰撞和重压，否则将会使这些备件产品工作性能失准、变形甚至破裂，应该设立专仓存储，而且在堆垛时应十分注意安全。

对于蓄电池的存储，应该避免重叠过多和碰撞，防止电极和蓄电池盖因重压受损，而且应注意加注电解液塞孔的密封，防止潮湿空气侵入。至于电极的存储，则应保持仓库干燥，存储期一般为6个月并严格控制。

除应保持存储场地干燥外，还应在各备件的包装箱内放置防潮防蛀药品以防止霉变及蛀虫生长。此外应注意备件在入库前是否有破损、缺件、生锈以及包装不良等情况存在，对包装物（木箱、纸盒、纸）油封防护情况等进行必要的抽查，应保证入库备件包装物的干燥及内包装的完整。

根据备件材料、结构、体型、重量、性能等不同特点，安排不同的仓间或仓位和采取不同的堆垛方法，确定合理的堆垛数量，以保持存储的安全。

对于易吸潮生锈的备件，除应保持仓库地面干燥外，还应在备件堆垛的底层设置离地至少有15cm空隙的架空地板，使空气得以流通。必要时，还应在地面放置少量生石灰或在堆垛的适当位置放置氯化钙、氯化锂等吸潮剂。生石灰在使用后应及时移去或更新。

存储备件的堆垛相互之间以及堆垛与墙之间都必须留有间距，墙距宽度一般规定为0.1～0.3m，垛距之间为0.5～1m，这必要的间距既是保证存储备件的通风条件，也是备件保管收发工作中的安全通道。

2. 金属类备件的防锈与除锈

备件仓库存储的备件中金属类的备件所占比例较高，而金属类备件与空气或化学物品直接或间接接触都容易锈蚀，它是由于金属表面受到周围介质的化学作用或电化学作用而遭受破坏的，因此在仓库日常管理中对于备件特别是金属类备件的养护是主要工作内容之一。

（1）创造良好的储存条件。

①认真选择储存场所。

②保持库房干燥。

③保持库内外清洁，清除堆垛周围杂物，不使材料受到沾污和附着尘土。

（2）金属制品的防锈。

①密封法防锈蚀。

a. 干燥空气封存法。也称控制相对湿度法。当空气相对湿度控制在35%左右时，金属则不易生锈，非金属也不易生霉。

b. 充氮封存法。氮气的化学性质比较稳定，在货物包装中，充入干燥的氮气，隔绝了水分、氧气等腐蚀性介质，从而达到使金属不易生锈、非金属不易老化的目的。

②涂油防锈。涂油是一种广泛应用的防锈方法。涂油可借油层的隔离作用，使水分和大气中的氧及其他有害气体，不易于接触金属制品表面，从而防止金属类备件锈蚀，或减缓金属锈蚀速度。采用涂油防锈的材料应根据金属备件的性质选择。

汽车备件中金属制品占总量和品种的比重极大，而金属制品备件的金属材料（包括黑色金属、有色金属）、体型结构、单件质量、制造精度、工作性能等存在极为复杂的差异，故必须根据不同备件选择不同的防锈材料和工艺，重用置换型防锈油成分及应用范围如下表4-3所示。

重用置换型防锈油成分及应用范围　　表4-3

品　名	成　分（%）		应用范围
201防锈油	石油磺酸钡	20	用于黑色金属防锈和稀释后作工序间防锈用
	环烷酸锌	15	
	机械油	35	
	凡士林	30	

续上表

品　名	成　分（%）		应用范围
72-1 置换型防锈油	羊毛脂镁皂	15	用于多种金属组合件的长期封存防锈
	磺酸钡	25	
	二丁酯	2	
	苯骈三氮脂	0.3	
	30 号机械油	57.7	

金属备件进行了涂油防锈之后，为了进一步的使其与空气隔绝，还应该选择合适的包装材料。汽车备件的产品包装材料一般要求材料本身对金属无腐蚀作用，透水透气性小，具有一定的隔离作用而且性能可靠。可以选择的通常有纸类和塑料薄膜及复合塑料薄膜类。

纸类包括以下几类：

a. 羊皮纸。有 1 号和 2 号两种，前者用于精密零件，后者用于一般零件的内包装。

b. 仿羊皮纸。纸质稍坚韧，用于较高要求的电器备件、零件的内包装。

c. 中性石蜡纸。含有 2% 硬脂酸铝的石蜡浸涂中性纸，防潮性能好，适用于一般备件内包装。

d. 横纹牛皮石蜡纸。中性石蜡纸双面涂石蜡，用于一般钢铁制备件。

e. 牛皮纸。强度高，适用于经涂防锈油脂后的一般金属备件内包装用。

塑料薄膜及复合塑料薄膜类包含以下几类：

a. 塑料薄膜。透明，韧性好，可热焊，耐油耐酸，且能防水防潮，用于内包装。原料通常为聚氯乙烯、聚乙烯、聚丙烯等，其中以聚乙烯最为普遍，常用厚度为 0.15～2mm。

b. 塑料复合纸。由塑料薄膜与防锈纸复合压制的包装材料，既能防锈又能防潮。

c. 铝型薄膜。由塑料薄膜与铝箔复合而成。铝箔的防水、防潮、不透气性较塑料薄膜更好，且能防紫外光，故包装性能良好，适用于精密零件、电讯器材、仪表等的包装。常见于进口备件的大型综合包装木箱内。

为了进一步吸收水分，汽车金属类备件存储或包装中常放置干燥剂。在精密的汽车电器电子仪表备件中，包装内也常放置干燥剂来吸收潮气，增强防潮、防锈效果。汽车备件的存储或包装中，最常见的干燥剂为硅胶，俗称矽胶或防潮砂，是一种坚硬多孔玻璃状不规则的球形颗粒，可以分为细孔和粗孔型两种，又可分为原色和变色两种。原色为乳白色或半透明。变色硅胶在干燥状态时呈宝蓝色（相对湿度≤20%）；当相对湿度为 33% 时，呈紫罗兰色或灰色；相对湿度为 50% 时，呈淡红色或红色。因此我们可通过颜色的变化来判断吸湿程度。硅胶的特性是吸潮能力强，而且烘干后可以重复使用，使用方便，性能稳定。使用硅胶作为干燥剂，需用纸袋或布袋盛放，并置于产品的内包装中。

（3）金属制品的除锈。化学药剂除锈，这是借助于药物将锈蚀层除掉的一种先进的方法。

单元能力检测

头脑风暴：

1. 仓库管理员岗位基本职责是什么？
2. 备件仓库摆放要求是什么？
3. 汽车备件的存储条件是什么？

单元三　汽车备件库存盘点

单元要点

1. 库存盘点的含义；
2. 库存盘点的分类；
3. 盘点的工作流程；
4. 盘点结果处理。

相关知识

一、库存盘点的含义

盘点是每个备件仓库每日都需要进行的业务之一，备件的库存数是否与系统中的数量一致，每日的流动部分是否正确的得到了统计，这些都直接关系到各网点的利益。

备件盘点的内容包括盘存备件的数量、盘存货位、核对账与实物、核对账与账。

二、库存盘点的分类

盘库一般分为日常盘点（一次/每日）及定期盘点（一次/半年或一年）。日常盘点在不同的品牌备件部门也称为动态盘点或是永续盘点，主要是针对每天出库入库的备件进行盘点，核实账物是否相符，优点是能够及时发现问题，并进行相应的更正。

定期盘点也有的称为实地盘点或者月盘，进行定期盘点的时间间隔由各备件部门根据自身的情况确定。定期盘点的作用是进行所有类别备件的数量盘点，并进行备件质量检查与修整，及时处理呆滞备件，并核对账与实物、核对账与账。日常盘点和实地盘点的目的如图 4-2 所示。

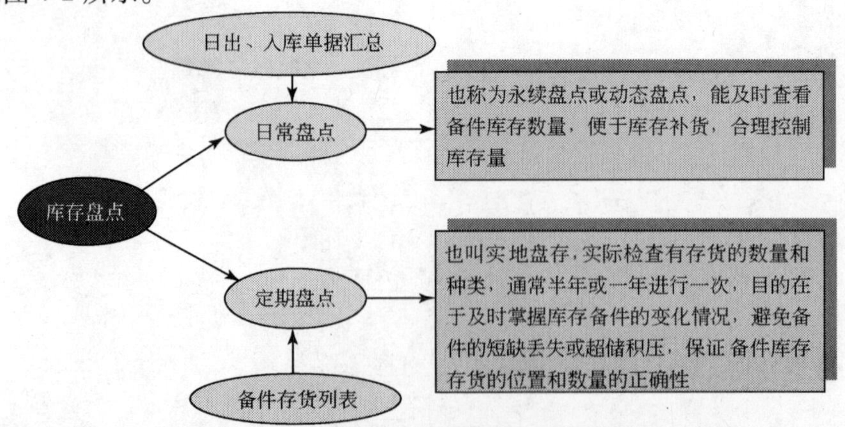

图 4-2　日常盘点和实地盘点的目的

三、盘点的工作流程

日常盘点一般来说每天进行，所以盘点对象以每日有过出入库记录的备件为主，如图4-3所示。

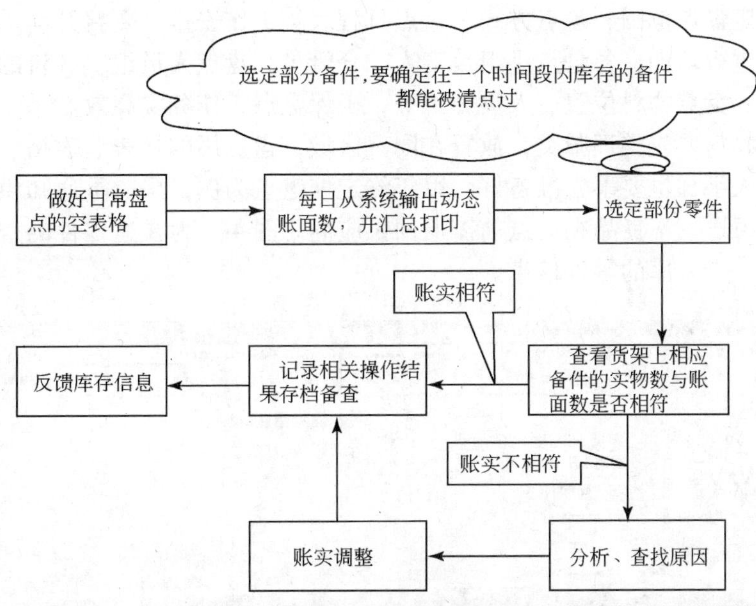

图4-3　日常盘点的步骤

定期盘点是一段时间内定期对仓库内的备件进行盘点，应该是对备件进行质量和数量两方面的盘点，核对零件的数量、盘存货位、核对账与实物、核对账与账。对存放时间太长的备件进行修整，对呆滞备件进行相应的处理，如图4-4所示。

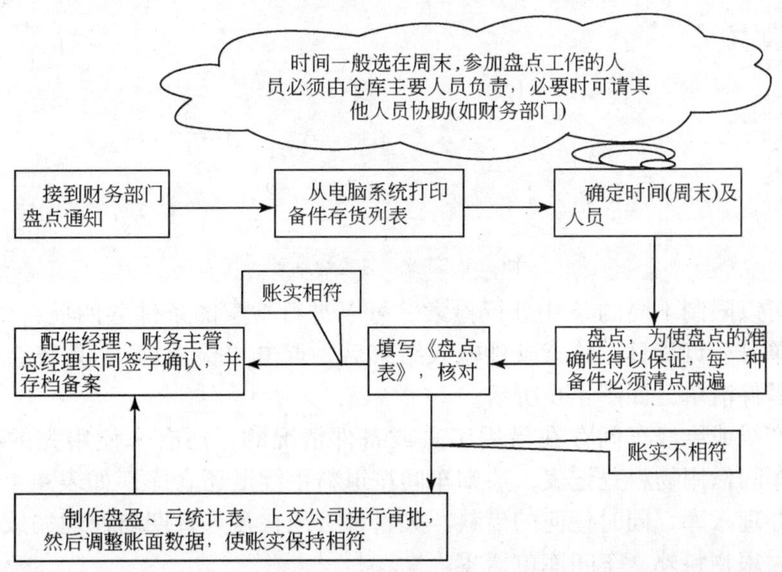

图4-4　定期盘点的步骤

1. 盘点步骤和要求

(1) 盘点前准备。为了及时掌握库存备件的变化情况，避免备件的短缺丢失或超储积压，保证零件库存存货的位置和数量的正确性，仓库管理人员必须定期对零件库存进行盘点。

盘点前充分准备、合理筹划是非常必要的。盘点准备主要是成立盘点工作组，制定盘点方案，确定盘点范围、盘点方式、盘点日程表等工作安排。要召开动员会，必要时先对盘点人员进行培训，各盘点小组负责人、仓管员、盘点人员组织各自的碰头会，以明确工作安排、盘点物料位置、人员分工等，确保盘点工作务实高效。

盘点前，物料要先整理归类，放置在同一区域，盘点用的报表、表格、卡片、手叉车、堆高机、人字梯也要事先准备好。以年终定期盘点为例，采购员通知供应商物料提前送到或推迟再送，不良品在盘点前需退回供应商。图 4-5 为在途零件的查询界面，用于查询已订货、未入库的零件信息。

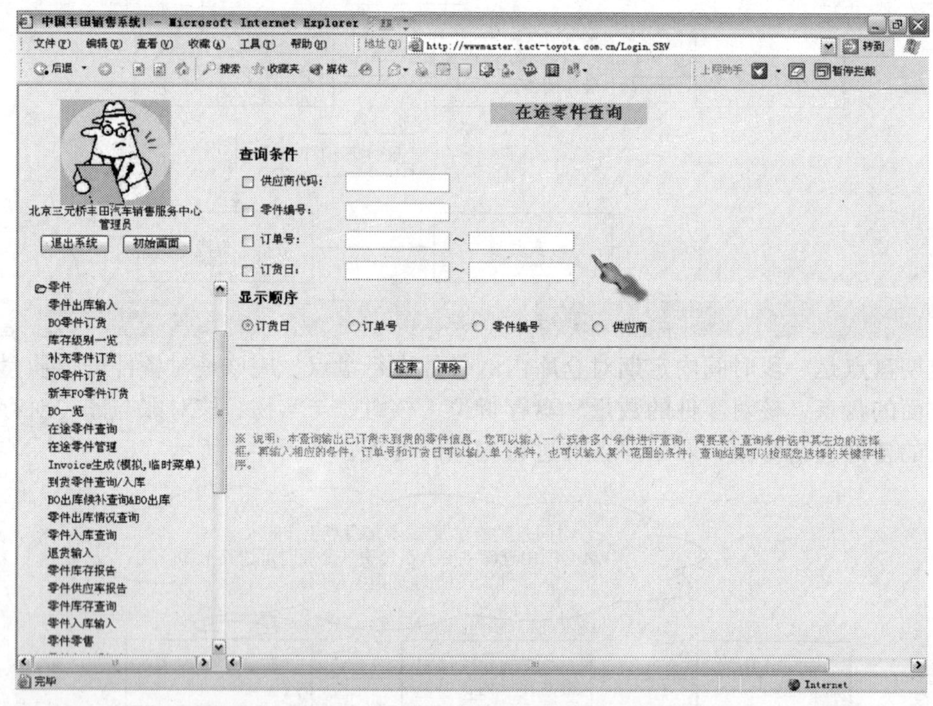

图 4-5　在途零件查询界面

查询时可以限制不同的条件进行检索。可以进行检索的条件共四项：供应商代码、零件号、订单号、订货日。检索条件输入结束后，点击“检索键”，系统会根据检索条件生成在途零件清单，如图 4-6 所示。

对于生产线或维修车间存在借用工具或备件情况的，还有未使用完的物料的情况的，应查询车间借用物料登记表，通知车间按退料手续退还仓库，如表 4-4 所示。若为成品应立即办理入库，同时任何的借料、欠料都必须在盘点日期前处理完成。除了有些不易搬动的大宗物料外，车间库位清零。

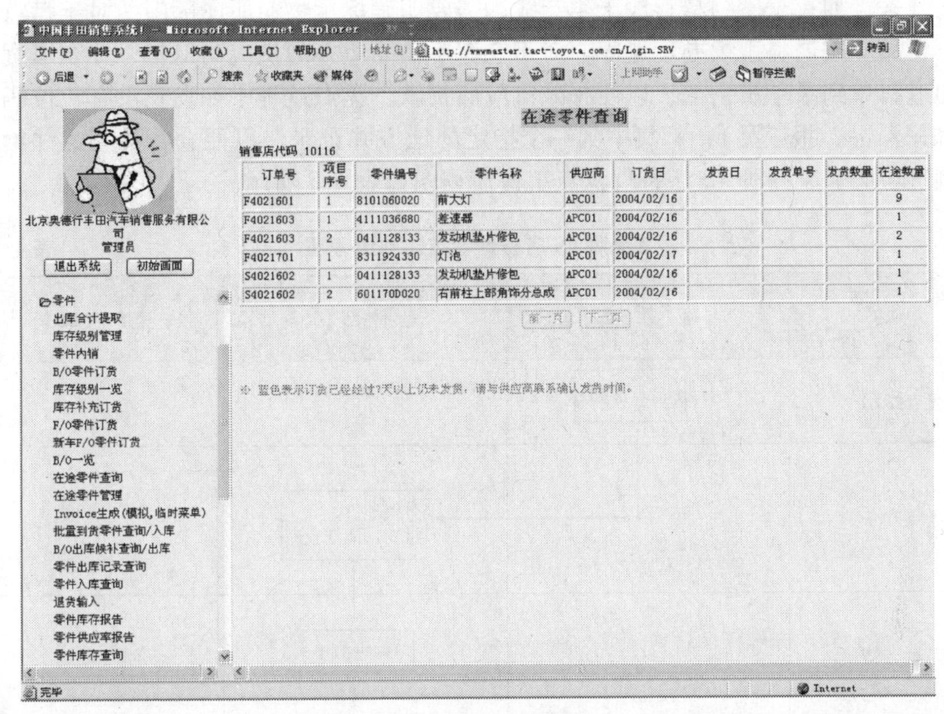

图4-6　在途零件清单

车间借用物料登记表　　表4-4

借用物料名称	数　量	借用事由	借用日期	借用人	物料归还情况	归还日期	经办人

（2）盘点实施。盘点应由盘点总指挥统一部署，下设盘点小组、稽核小组、统计小组、保障小组等。4S店备件部门可酌情减少稽核小组与保障小组，而由盘点小组和统计小组组成。各盘点小组组长及对应仓管员负责分管库位区域的盘点，各部门部长到岗督促、协调盘点过程中的细节，盘点过程中遇到任何异常及时向盘点总指挥报告，这样从组织上保证盘点工作责任到人。稽核组在盘点结束后对盘点情况进行抽查，看盘点卡上的物料编码、库位、数量与真实环境是否相符，记录抽查的结果，并对差异大的物料要求重新盘点。统计小组则准确无误地将盘点卡上的物料编码、库位、数量统计到专用电子表格。保障组除了后勤保障外，还要有品质人员及时对品质不明的物料判定处理结果，备件部门相关人员及时提供未入系统物料的新编码。

盘点物料时，最好一人盘点，一人核点，并且"盘点统计表"每小段应核对一次，无误者于该表上互相签名确认。若有出入者，必须重新盘点。应将生产线物料与仓库物料区分开来。如有仓库物料存放于生产线，需要明确标示物料所属部门。对于盘点出的车间不良品应按退料手续办理退库，对于仓库不良品应办理供应商退货，并在退货后及时传递退料单到录单员手上，以便扣减供应商货款。盘点过程中如发现没有货位码的物料（如呆滞品、报废品），都集中到一个指定的地方并记录，以便仓管员判定并给予物料编制货位码。某品牌4S店备件盘点工作流程图如表4-5所示。

某品牌4S店备件盘点工作流程图 表4-5

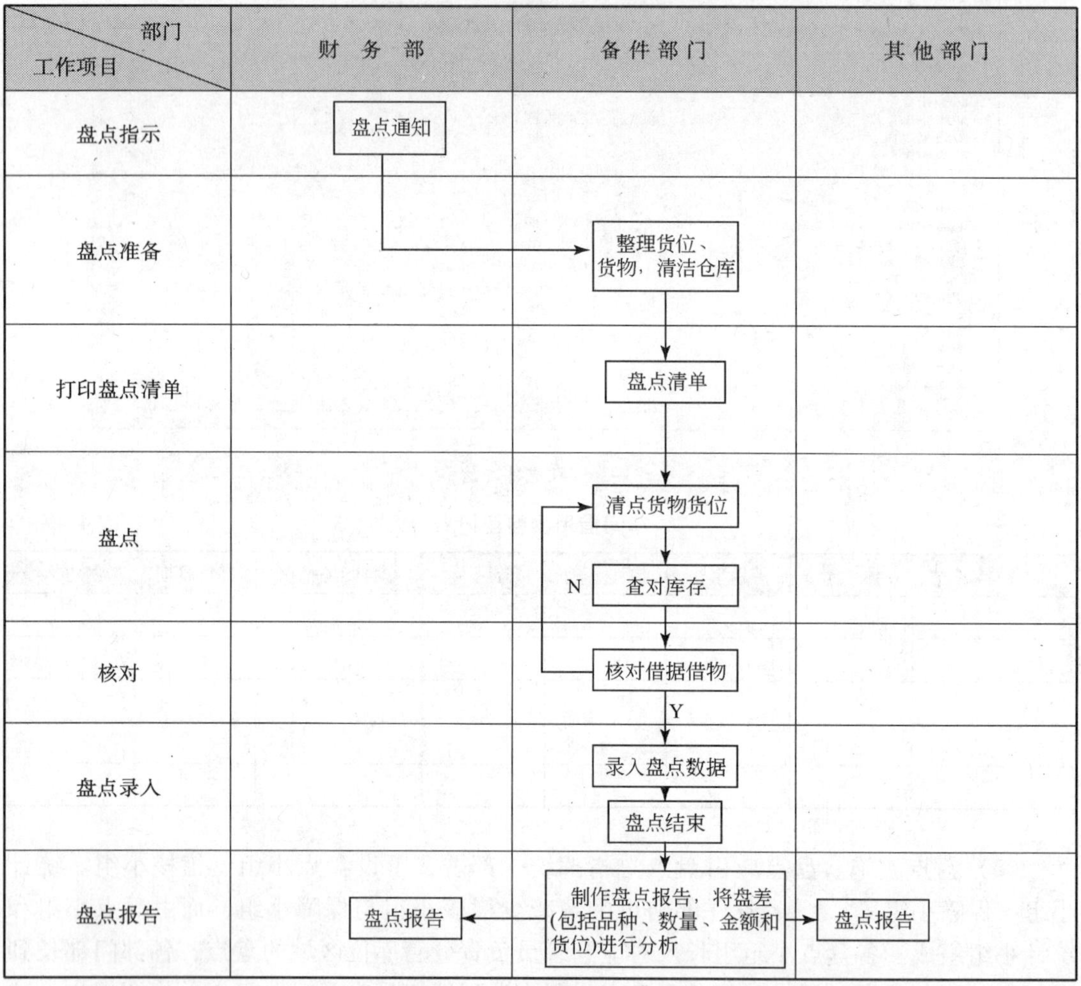

部门 工作项目	财务部	备件部门	其他部门
盘点指示	盘点通知		
盘点准备		整理货位、货物，清洁仓库	
打印盘点清单		盘点清单	
盘点		清点货物货位 ↓ 查对库存	
核对		N（返回清点货物货位） 核对借据借物 Y ↓	
盘点录入		录入盘点数据 ↓ 盘点结束	
盘点报告	盘点报告 ←	制作盘点报告，将盘差(包括品种、数量、金额和货位)进行分析	→ 盘点报告

日常盘点时，注意对所有订购人员的订单状态进行了解，同时，对所有的订单进行整理，对当天订单必须清晰明确地知道归属于哪一份待件的工单或是订购联系单。对不入在电脑系统的货物，仓库管理员应及时建立库存账务，登记好每一次出入库情况。必须做好日常盘点跟进工作及定期盘点工作，并对库存进行分析，对超出异常的备件，应及时通报给备件部主管。对于客户订购的不入仓库库存的备件，应该存放于独立的客户订购备件货架，如图4-7所示。进行日常盘点时客户订购的备件必须盘点，并应该分开盘点。

图 4-7　客户订购件单独存放

无论是日常盘点还是定期盘点都需要盘库的基本工具——盘库单，或称为盘点一览清单。

进行盘点时，第一步是从系统中导出盘点清单，根据清单进行盘点。下面通过丰田公司备件盘点的步骤进行说明，具体操作步骤如下：

①进入零件→盘点一览功能，如图 4-8 所示。

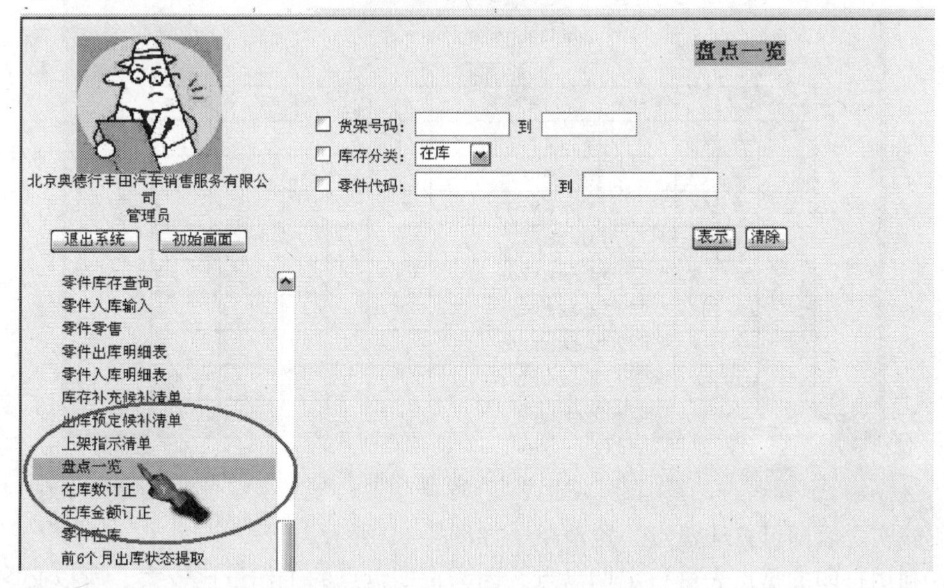

图 4-8　进入“盘点一览”选项

②输入检索条件。进行定期盘点查询时，可以选择货架范围、库存种类（库存、非库存）及零件号这三项查询条件。输入查询条件后，点击“表示”键，可得出相应的库存一览表。

例如查询零件号第一位为“0”的所有零件的库存情况，如图 4-9 所示。

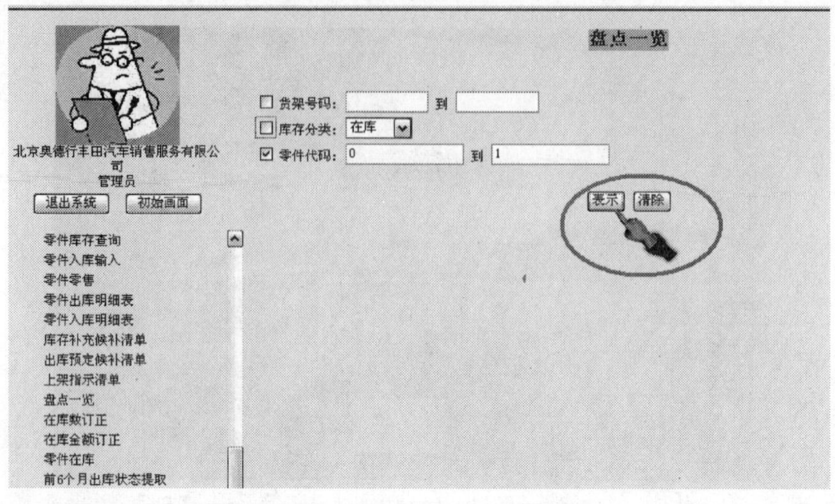

图 4-9　选择按照零件号方式进行查询

③点击“表示”后，即可调出盘点清单的页面，导出一览清单，仓库保管员可以核实备件编码是否为之前选择的查询条件，如图 4-10 所示。

盘点一览结果 - Microsoft Internet Explorer

文件(F)　编辑(E)　查看(V)　收藏(A)　工具(T)　帮助(H)　上网助手　暂停拦截

(SRV206)　销售商代码:10116　　2004/01/19

盘点一览

库存分类:在库　零件代码:0～1

返回

货架号码	库存分类	厂家分类	零件代码	零件名称	单价	库存数量	借用数	库存金额	借用金额
A01-C1-01	在库	纯品	0446650110	后片	0.00	0	0	0	0
A01-C1-02	在库	纯品	0446632030	制动磨擦片(PAD)	0.00	0	0	0	0
A01-C1-10	在库	纯品	0449526150	制动磨擦片(SHOE)	222.80	1	0	222.8	0
A01-C1-12	在库	纯品	0449502080	制动磨擦片	189.80	1	0	189.8	0
A01-C2-05	在库	纯品	0446642030	制动磨擦片(PAD)	0.00	0	0	0	
A01-C2-10	在库	纯品	0446632050	制动磨擦片(PAD)	0.00	0	0	0	0
A01-C3-06	在库	纯品	0446533150	制动磨擦片(PAD)	0.00	0	0	0	0
A01-C3-07	在库	纯品	0446550230	制动磨擦片(PAD)	0.00	0	0	0	0

完毕　Internet

图 4-10　盘点一览清单

④核实之后即可打印盘点一览清单，如图 4-11 所示。

⑤利用打印的盘点表进行定期盘点，因为定期盘点的工作量比较大，所以必须选择进厂维修车辆数较少的时间段进行（一般安排在周末），并尽量由配件部的人一起完成，否则不但时间长，还有可能因为进厂的车需要领取备件造成盘点过程出错。

2. 盘点工作注意事项

备件仓库日常盘点和定期盘点除按照上述步骤和要求进行外，还应该注意下列事项。

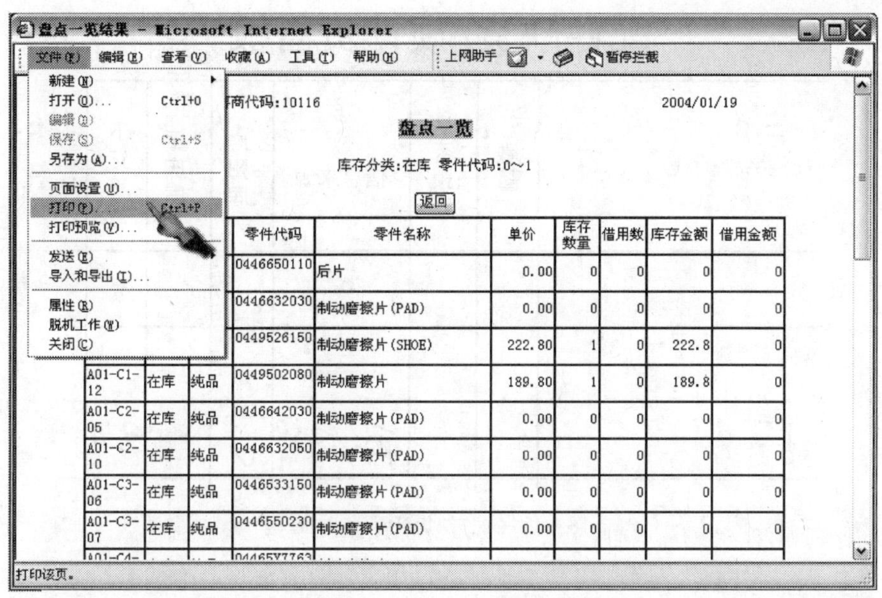

			零件代码	零件名称	单价	库存数量	借用数	库存金额	借用金额
			0446650110	后片	0.00	0	0	0	0
			0446632030	制动磨擦片(PAD)	0.00	0	0	0	0
			0449526150	制动磨擦片(SHOE)	222.80	1	0	222.8	0
A01-C1-12	在库	纯品	0449502080	制动磨擦片	189.80	1	0	189.8	0
A01-C2-05	在库	纯品	0446642030	制动磨擦片(PAD)	0.00	0	0	0	0
A01-C2-10	在库	纯品	0446632050	制动磨擦片(PAD)	0.00	0	0	0	0
A01-C3-06	在库	纯品	0446533150	制动磨擦片(PAD)	0.00	0	0	0	0
A01-C3-07	在库	纯品	0446550230	制动磨擦片(PAD)	0.00	0	0	0	0

图4-11　打印盘点清单

(1) 每天必须在上班时先进行动态盘点。

(2) 仓管员每天不少于两次巡视库存备件，发现丢失或被盗应及时上报。

(3) 盘点工作异常情况应对。如出现出勤异常，即小组中如果出现人员未按时到位，应及时报告相关领导并通知储备人员到岗；如出现进度异常，即如果有小组盘点进度落后于计划，小组负责人应在第一时间报告相关领导，并及时采取措施，确保一定按期完成。

(4) 定期盘点工作的后勤保障。很多盘点都安排在节假日，参加盘点的人员不得请假，还应建立储备人员名单和联络方式，确保启用时及时到岗。另外要安排好厂车、饭堂等后勤工作，工资要翻倍发放。

(5) 盘点工作应注意安全。货架高层严禁人员攀爬，第二、三层上架前，确认梯子放牢后方可上架；高空作业一定要看准、走稳、慢慢移动；化学品的搬运，一定要轻拿轻放，严格按照化学品储运方式操作；金属类的在搬运过程中，一定要戴上手套，切忌蛮力操作；玻璃类和塑料类的一定要轻拿轻放。

(6) 未结订单对盘点的影响。有些企业在盘点前，先关闭未完工的生产订单，这样盘点比较简单。

(7) 发现变质、损坏、不适用的备件，由仓管员列出清单，报仓库负责人和维修部现场审核、确认，提出报废申请，报公司领导批准。未报废之前，待报废品由仓管员单独存放，加“待报废”标志，并做好统计。

(8) 盘点尽量在周末进行，以免影响正常业务。

(9) 盘点工作必须在24小时内完成。

(10) 盘点的信息要及时反映在备件缺货/预订货看板，以便合理控制库存量，如图4-12所示。

配件缺货/预订货看板

配件名称/编号	数量	是否预订	信息来源	广州库	重庆库	下订单日
[illegible]	1		配件部	✓		9.11

图 4-12　备件缺货/预订货看板

四、盘点结果处理

盘点结果一般有账实相符、账实不符的情况。账实相符即为仓库实际库存备件种类、数量与账面备件记录数量相符合。账实不符的情况又可以分为盘盈和盘亏两种。对于盘盈或盘亏的情况都应该进行分析和处理。

1. 账实不符

（1）备件库存盘点账实不符结果有两种。

①盘亏：仓库实际库存备件种类、数量少于账面备件记录数量。

②盘盈：仓库实际库存备件种类、数量多于账面备件记录数量。

（2）账实不符的原因及处理方法。对于账实不符的情况应查找原因，并针对不同的情况采取不同的解决方法。如图 4-13 所示。

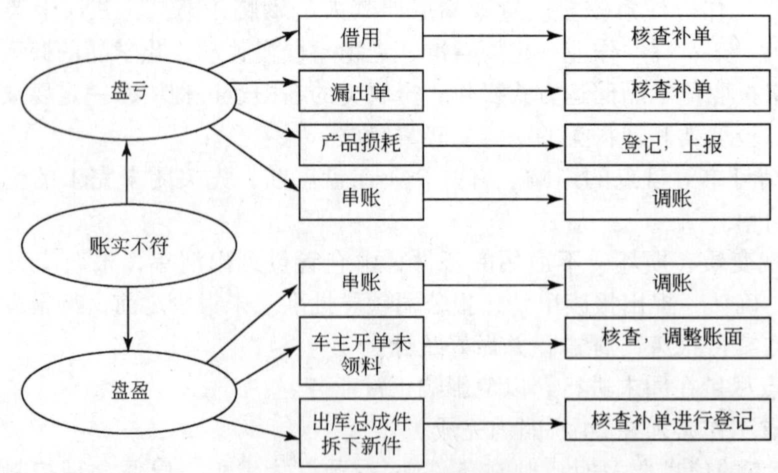

图 4-13　账实不符的原因和处理方法

2. 呆滞备件的判定及处理

（1）呆滞备件的定义。备件仓储的部分备件当其库存时间超过一定时间而未能销售出库时，这类备件称为呆滞备件。呆滞备件的出现是不可避免的，但过量的呆滞备件会造成备件部门资金积压，更严重的是备件无法出库就不能收回资金。

（2）造成呆滞备件的主要原因（图4-14）。

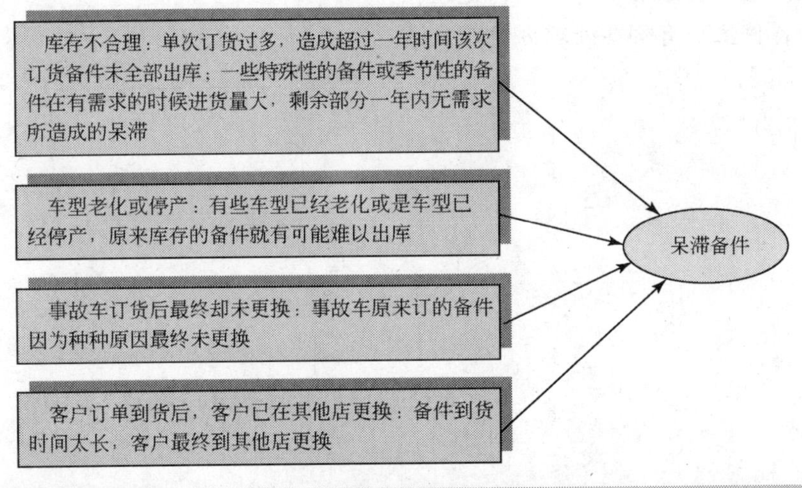

图4-14　造成呆滞备件的主要原因

（3）呆滞备件的处理。对呆滞备件的处理原则主要是尽量减少因呆滞备件的过量出现而给企业带来经济的损失，在选择处理方式时应优先采用折价销售或向其他商家出售的方式。在某些4S店的处理方式受限制，则按公司规定进行。图4-15为呆滞备件处理的方式。

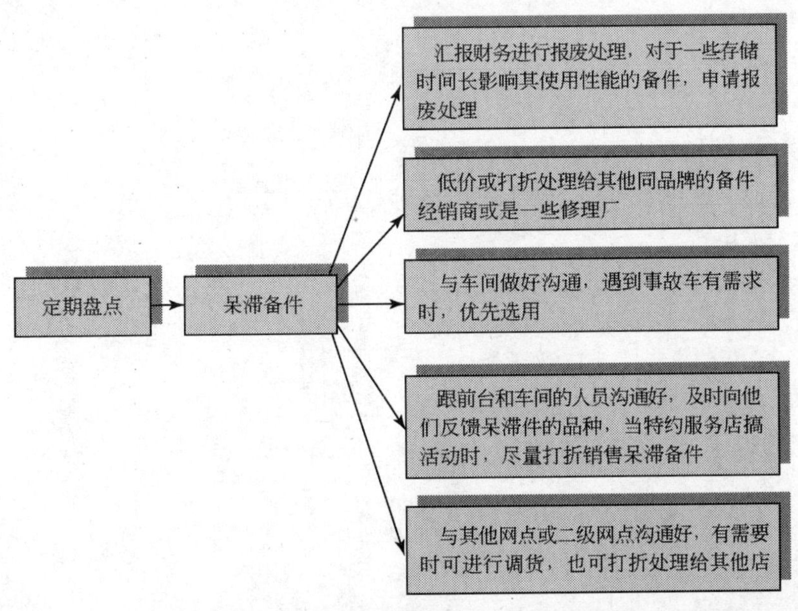

图4-15　呆滞备件处理的方式

单元能力检测

头脑风暴：

1. 汽车备件库存盘点主要采取什么方式？
2. 进行库存盘点的目的是什么？
3. 盘点结果出现账实不符应如何处理？
4. 呆滞备件主要有哪些处理方案？

单元四　模拟训练

一、盘点任务工单（表4-6）

盘点任务工单　　表4-6

<table>
<tr><td rowspan="2">任务编号：</td><td rowspan="2" colspan="5">任务名称：库存盘点</td><td>成绩</td><td colspan="2"></td></tr>
<tr><td>学时</td><td colspan="2">60min</td></tr>
<tr><td>姓名</td><td></td><td>学号</td><td></td><td>班级</td><td></td><td>组别</td><td colspan="2"></td></tr>
<tr><td>能力目标</td><td colspan="8">1. 能够从系统调取动态备件信息；
2. 能对要求盘点的备件绘制表格，为盘点做好准备；
3. 会对备件库存进行账实盘点；
4. 懂得对呆滞备件的判定；
5. 对盘点结果作出正确的处理意见；
6. 对工作结果进行有效记录、评价并反馈；
7. 具备质量意识和工作效率意识；
8. 自觉保持安全作业及遵守“5S”工作要求</td></tr>
<tr><td>设备、工具准备</td><td colspan="8">汽车配件管理软件、配件出入库单据、盘点表</td></tr>
<tr><td>任务要求</td><td colspan="8">对头天的配件出入库情况进行核实，打印头天配件出入库记录，汇总在盘点表进行账实盘存；按照定期盘点的要求对仓库内的配件进行盘存，对账实不符以及呆滞配件进行相应的处理</td></tr>
<tr><td rowspan="16">任务要点与操作</td><td rowspan="2" colspan="5">任务标准</td><td colspan="3">完成情况</td></tr>
<tr><td colspan="2">能够做到</td><td>有待改进</td></tr>
<tr><td colspan="5">日常盘点工作程序</td><td colspan="2">学时</td><td>30min</td></tr>
<tr><td colspan="5">1. 登录汽车备件部门管理软件，进入备件管理系统</td><td colspan="2"></td><td></td></tr>
<tr><td colspan="5">2. 调出该阶段备件入库记录</td><td colspan="2"></td><td></td></tr>
<tr><td colspan="5">3. 调出该阶段备件出库记录</td><td colspan="2"></td><td></td></tr>
<tr><td colspan="5">4. 将有过出入库记录的备件品种汇总在表4-7中，为日常盘点作准备</td><td colspan="2"></td><td></td></tr>
<tr><td colspan="5">5. 到仓库内进行盘点</td><td colspan="2"></td><td></td></tr>
<tr><td colspan="5">6. 盘点结果处理，将盘点结果汇总到表4-8中</td><td colspan="2"></td><td></td></tr>
<tr><td colspan="5">定期盘点工作程序</td><td colspan="2">学时</td><td>30min</td></tr>
<tr><td colspan="5">1. 登录汽车备件部门管理软件，进入备件管理系统</td><td colspan="2"></td><td></td></tr>
<tr><td colspan="5">2. 选择备件编号规则或仓库货架中的一种方式打印备件一览清单，为定期盘点做好准备</td><td colspan="2"></td><td></td></tr>
<tr><td colspan="5">3. 到仓库内进行盘点</td><td colspan="2"></td><td></td></tr>
<tr><td colspan="5">4. 将盘点中有账实不符的情况汇总到表4-8中</td><td colspan="2"></td><td></td></tr>
<tr><td colspan="5">5. 对盘点结果中发现的呆滞备件进行正确处理</td><td colspan="2"></td><td></td></tr>
</table>

续上表

考核结果	准确做出盘点表	A	B	C	D
	盘点正确	A	B	C	D
	盘点结果处理得当	A	B	C	D
	时间控制	A	B	C	D

盘 点 表

表 4-7

编制单位：　　　　　　　　　　　　　　　　　　　年　　月　　日

盘　点　表

编制单位：　　　　　　　　　　　　　　　　　　　年　月　日

			截止　月　日 账面数		截止　月　日 新增数		截止　月　日 减少数		截止　月　日 实际库存		盘盈（亏）		
备件名称	仓库货位号	计量单位	数量	金额	数量	金额	数量	金额	数量	金额	数量	金额	原因
									–	–			
									–	–			
									–	–			
									–	–			
									–	–			
									–	–			
									–	–			
									–	–			
									–	–			
									–	–			
									–	–			
									–	–			
									–	–			
合计									–	–			

操作要求：

（1）日常盘点时备件部门一般选择备件到货之后的时间段进行盘点，盘点时应该针对有过动态变化的备件进行原账面数、新增数（该次到货数）、减少（出库）数、仓库实物数的统计。

（2）盘点时，选取的相同时间点的账面数、新增数、减少数和实际库存数。尽量不要在此期间发生新的出入库记录，或有产生则另外记录，盘点完再汇总。

（3）对盘盈（亏）的备件应说明原因。

（4）盘点结果汇总在盘点报告中。

盘 点 报 告　　　　表4-8

盘 点 报 告

编制单位：

日期：　　　年　　　月　　　日

名称	编码	现库存			盘盈			盘亏			说明	负责人
		数量	单价	金额	数量	单价	金额	数量	单价	金额		
纯品零件												
汽车精品												
油液维护品												
工具类												

二、任务指导要点

（1）注意日常盘点和定期盘点的盘点方法。

（2）必须细心仔细确保盘点的无误。

（3）对于账实不符或产生呆滞配件这些情况的正确处理方法。

三、重 点 环 节

（一）主要知识点

（1）汽车配件管理软件的操作。

（2）日常盘点和定期盘点的要求。

（3）盘点结果的分析和处理。

（4）仓库日常管理要求。

（二）操作关键点

（1）输出日常盘点或定期盘点的盘点清单。

（2）进行日常盘点并对账实不符结果进行分析和处理。

（3）进行定期盘点，并对账实不符结果进行分析和对呆滞备件处理。

（三）仿真演练

（1）按照某品牌汽车备件仓库盘点的要求进行账实盘点。

（2）从实践的过程中对盘点方法和步骤提出自己的见解。

评 价 反 馈

1. 自我评价

(1) 通过本学习任务的学习你认为自己是否已经掌握了相关知识并掌握了基本操作技能:

①是否能够熟练操作汽车配件管理软件?

____。

②是否能够进行仓库日常管理?

____。

③是否能够运用盘点清单进行仓库盘点以及处理盘点结果?

____。

(2) 实训过程完成情况如何?

评价: ____。

(3) 能否积极主动参与工作现场的清理、清洁和整顿工作?

评价: ____。

(4) 在完成本学习任务的过程中，你和同学之间的协调能力是否得到了提升?

____。

(5) 通过本学习任务的学习，你认为自己在哪些方面还需要深化学习并提升岗位能力?

____。

签名: __________　　______年______月______日

2. 小组评价

小组评价见表4-9。

小组评价

表4-9

序号	评价项目	评价情况
1	基本知识的掌握情况	
2	任务是否圆满完成	
3	是否在限定时间内完成	
4	是否合理规范地使用实训设备	
5	是否按照安全和规范的要求完成任务	
6	是否遵守实训场地的规章制度	
7	在实训中是否能主动地和他人合作	
8	是否能按要求对实训场地进行清理、清洁	

参与评价的同学签名：__________ ______年______月______日

3. 教师评价

____

____。

教师签名：__________ ______年______月______日

学习任务5 汽车备件仓储设计

学习目标

1. 叙述仓储设计的原则；
2. 知道对限定空间进行合理的设计；
3. 分析备件仓储中货架的设计程序及要求事项；
4. 根据对备件仓库的空间设计，完成货架摆放的有序安排，并进行料位码的编排；
5. 正确完成对给定空间仓储的总体设计，并详细记录设计过程，对设计成果进行效果评价分析。

任务描述

某汽车维修企业有250m^2（单层）的面积用作备件仓库，根据车型的种类、保有量，及备件系统划分（即发动机、电器、钣金、油类等），按备件仓库设计的规范要求，对仓库进行总体设计，并进行备件料位码的编排。

学习引导

本学习任务沿着以下脉络进行学习：

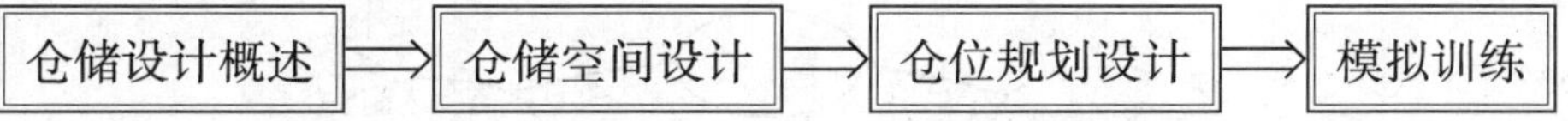

单元一　仓储设计概述

单元要点

1. 仓储的概念；
2. 仓储在汽车维修服务企业中的重要作用；
3. 仓储的设计的原则。

相关知识

一、仓储的概念

“仓”也称为仓库（warehouse），是存放、保管、储存物品的建筑物或场所的总称，它可以是房屋建筑物，也可以是大型容器、洞穴或者特定的场所等，其功能主要是存放和保护物品；“储”表示将储存对象储存起来以备使用的行为，具有收存、保护、管理、以备交付使用的意思，也称为储存（storing）。

仓储是社会产品出现剩余之后产品流通的产物，当产品不能被即时消耗掉，需要专门的场所存放时，就产生了静态的仓储。将物品存入仓库并对存放在仓库里的物品进行保管、控制、提供使用，便成了动态仓储。可以说，仓储是对有形物品提供存放场所，对物品存取、保管和控制的过程，是人们的一种有意识的行为。如图 5-1 所示，仓储流程涵盖了商品流通的众多环节，仓储为诸多环节提供了保障，是商品流通的重要中心，也是物流活动三大支柱之一。

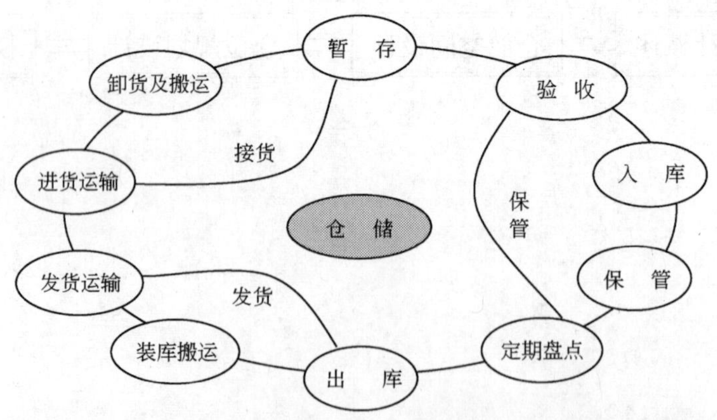

图 5-1　仓储流程图

仓储是物流链的重要环节，不同行业对仓储的理解是不同的。从物流管理的角度，可以将仓储定义为：根据市场和客户的要求，为了确保货物没有损耗、变质和丢失，为了调节生产、销售和消费活动以及确保社会生产、生活的连续性，而对原材料等货物进行储存、保管、管理、供给的作业活动。

对仓储概念的理解要抓住以下要点：

（1）满足客户的需求，保证储存货物的质量，确保生产、生活的连续性是仓储的使命之一。

（2）当物品不能被即时消耗，需要专门的场所存放时，形成了静态仓储。对仓库里的物品进行保管、控制、存取等作业活动，便产生了动态仓储。在仓储过程中，静态仓储与动态仓储是可以互相转换的。

（3）储存的对象必须是实物产品，包括生产资料、生活资料等。

（4）储存和保管货物要根据货物的性质选择相应的储存方式。不同性质的货物应该选择不同的储存方式。例如，汽车备件中的金属零件需要防潮、防腐储存。

二、仓储的功能

仓储是保证生产过程正常运转的基础环节之一。仓储的价值主要体现在其具有的基本功能、增值功能以及社会功能三个方面。

1. 基本功能

基本功能指为了满足市场的基本储存需求，仓库所具有的基本的操作或行为，包括储存、保管、拼装、分类等基础作业。其中，储存和保管是仓储最基础的功能。通过基础作业，货物得到了有效的、符合市场和客户需求的仓储处理，确保货物在未进入实际使用阶段前的性能良好，同时为流通的其他环节提供保障。例如，拼装可以为进入物流过程中的下一个物流环节做好准备，汽车备件中的一些总成件就是拼装的一种形式，在使用时可节省一些组装过程需要的时间、工序，从而提高生产效率。

2. 增值功能

通过基本功能的实现而获得的利益体现了仓储的基本价值，这是企业仓储的主要目的之一。增值功能则是指通过仓储高质量的作业和服务，使经营方或供需方获取除这一部分以外的利益，这个过程称为附加增值。增值功能的典型表现方式包括：

（1）提高客户的满意度。当客户下达订单时，物流中心能够迅速组织货物，并按要求及时送达，提高了客户对服务的满意度，从而增加了潜在的销售量。

（2）信息的传递。在仓库管理的各项事务中，经营方和供需方都需要及时而准确的仓库信息。

例如，仓库利用水平、进出货频率、仓库的地理位置、仓库的运输情况、客户需求状况、仓库人员的配置等信息，这些信息为用户或经营方进行正确的商业决策提供了可靠的依据，提高了用户对市场的响应速度，提高了经营效率，降低了经营成本，从而带来了额外的经济利益。汽车备件仓储的增值功能除了备件本身的销售利润外，还包含了为维修生产服务而创造的效益。

3. 社会功能

仓储的基础作业和增值作业会给整个社会物流过程的运转带来不同的影响，良好的仓储作业与管理可以保证生产、生活的连续性，反之则会带来负面的效应。这些功能称之为社会功能，主要从三个方面理解：

（1）时间调整功能。一般情况下，商品生产与消费之间会产生时间差，通过储存可以减少货物产、销在时间上的隔离。

（2）价格调整功能。生产和消费之间也会产生价格差，供过于求、供不应求都会对价格产生影响，因此通过合理的仓储可以消除货物在产销量上的不平衡，供过于求时可将暂时未销售的货物进行存储，而当供不应求时又可将原来存储的货物进行销售，达到调控价格的效果。

（3）衔接商品流通的功能。商品仓储是商品流通的必要条件，为保证商品流通过程连续进行，就必须有仓储活动。通过仓储，可以防范突发事件，保证商品顺利流通。例如，运输被延误，卖主缺货。对供货仓库而言，这项功能是非常重要的，因为原材料供应的延迟将导致产品的生产流程的延迟。

三、仓储在汽车维修服务企业中的作用

汽车备件仓储，是物流仓储的一种，它是将汽车维修正常生产过程中所需的备用零部件在确保没有损耗、变质和丢失的情况下进行有效的储存，是确保维修企业生产过程顺利进行的必要条件之一。

作为仓储的一种专一的形式，汽车备件仓储除了具备仓储的上述功能以外，还具备其自身的独具作用：

1. 满足客户的需求

备件仓储以满足顾客的需求为根本，是建立良好企业印象的前提，也是赢得顾客认可的基本条件之一，同时为企业巩固和发展顾客源的提供保障。如图 5-2 所示，备件仓储应为客户提供满意的服务以取得客户对维修企业的信赖，乃至对品牌的信赖，从而使其成为本企业的忠实客户，忠实的客户将形成良好口碑的传播者，那么企业不仅能够保持现有的客户群，而且还可以增加新客户。

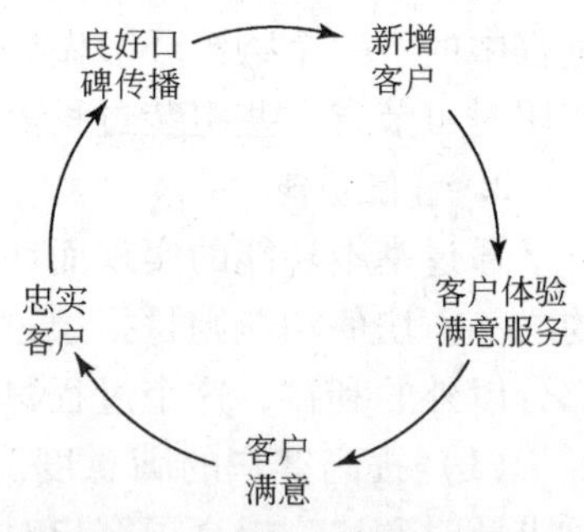

图 5-2　客户增加圈

2. 为企业创造利润

备件仓储给企业创造的利润可分直接和间接两方面，直接利润就是备件在进货与出库销售时的价格之间的差值，其中包含了备件在仓储管理中产生的成本。间接利润不能从直接的账面上反映，因为间接利润产生于备件仓储给企业正常生产和企业发展提供的保障，属于隐性利润。

3. 为维修企业的生存及发展提供支柱

维修企业的生存与发展关联诸多因素，而备件仓储直接和间接都为企业创造效益，

对企业的发展具有保障性的作用，为维修企业的生存及发展提供支柱。

4. 合理控制仓储，为企业提供更多的流动资金

资金是企业发展的命脉，备件仓储如果不合理，过多会造成资金积压，而过少会影响企业生产的正常运行，对维修企业都会带来负面的影响，合理的仓储必须在保证满足正常生产的前提下合理控制库存量及备件种类，避免流动资金的积压，为企业在其他环节上的资金流动注入动力。

四、汽车备件仓储设计的原则

仓储设计方案应做到以尽可能低的成本，实现货物在仓库内快速、准确地流动。这个目标的实现，要通过物流技术、信息技术、成本控制和仓库组织结构的一体化策略才能达到。仓储系统的设计原则不是一成不变的，要视具体情况而定。在特定场合下，有些原则是互相影响，甚至相互矛盾的。为了做出最好的设计，有必要对这些原则进行选择和修改。

1. 系统简化原则

要根据物流标准化做好包装和物流容器的标准化，把汽车配件组成标准的储运集装单元，实现集装单元与运输车辆的载重量和有效空间尺寸的配合、集装单元与装卸设备的配合、集装单元与仓储设施的配合。这样做会有利于仓储系统中各个环节的协调配合，在异地中转等作业时，不用换装，提高了通用性，减少了搬运作业时间，减轻了物品的损毁，从而节约费用；同时也简化了装卸搬运子系统，降低了系统的操作和维护成本，提高了系统的可靠性和仓储作业的效率。

2. 平面设计原则

如无特殊要求，仓储系统中的物流都应在同一平面上实现，从而减少不必要的安全防护措施，减少利用率和作业效率较低、能源消耗较大的起重机械，从而提高系统的效率。

3. 物流和信息流的分离原则

现代物流是在计算机网络支持下的物流，如果不能实现物流和信息流的尽早分离，就要求在物流系统的每个分、合节点均设置相应的物流信息的识读装置，这势必增加系统的冗繁度，增加系统的成本；如果能实现物流和信息流的尽早分离，将所需信息一次识别出来，再通过计算机网络传到各个节点，即可降低系统的成本。

4. 柔性化原则

仓库的建设和仓储设备的购置，需要大量的资金。为了保证仓储系统高效工作，需要配置针对性较强的设备，而社会物流环境的变化，又有可能使仓储货物品种、规格和经营规模发生改变。因此，在规划时，要注意机械和机械化系统的柔性和仓库扩大经营规模的可能性，充分考虑企业发展的空间。

5. 物料处理次数最少原则

不管是以人工方式还是自动方式，每一次物料处理都需要花费一定的时间和费用。通过复合操作，或者减少不必要的移动，或者引入能同时完成多个操作的设备，就可

减少处理次数。

6. 最短移动距离，避免物流线路交叉原则

移动距离越短，所需的时间越少，费用就越低；合理设计仓库中的物流通道，并保持通道的畅通，避免物流线路交叉，即可解决交叉点物流控制和物流等待时间问题，有利于提高仓库中备件流通的效率。

7. 成本与效益平衡原则

在建设仓库和选择仓储设备时，必须考虑投资成本和系统效益原则。在满足仓储作业需求的条件下，对备件存储进行科学的规划，优化设计方案，并按方案合理选用货架材料，尽量降低投资。

单元能力检测

头脑风暴：

如何实现汽车维修企业备件仓储的高效运作？

单元二　仓储空间设计

单元要点

1. 仓储仓库的空间设计原则；
2. 汽车备件仓库的总体构成；
3. 汽车备件存储货架的选购；
4. 仓储安全规划。

相关知识

一、仓储仓库的空间设计原则

1. 要适应仓储企业生产流程，有利于仓储企业生产正常进行

（1）单一的物流方向。仓库内商品的卸车、验收、存放地点之间的安排，必须适应仓储生产流程，按一个方向流动。

（2）最短的运距。应尽量减少迂回运输，专运线的布置应在库区中部，并根据作业方式、仓储商品品种、地理条件等，合理安排库房、专运线与主干道的相对位置。

（3）最少的装卸环节。减少在库商品的装卸搬运次数和环节，商品的卸车、验收、堆码作业最好一次完成。

（4）最大的利用空间。仓库总平面布置是立体设计，应有利于商品地合理储存和充分利用库容。

2. 有利于提高仓储经济效益

（1）要因地制宜，充分考虑地形、地质条件，满足商品运输和存放上的要求，并能保证仓容充分利用。

（2）平面布置应与竖向布置相适应。所谓竖向布置，是指建设场地平面布局中每个因素，如库房、货场、专运线、道路、排水、供电、站台等，在地面标高线上的相对位置。

（3）总平面布置应能充分、合理地利用我国目前普遍使用的门式、桥式起重机一类的固定设备，合理配置这类设备的数量和位置，并注意与其他设备的配套，便于开展机械化作业。

3. 有利于保证安全生产和文明生产

（1）库内各区域间、各建筑物间，应根据《建筑物设计防火规范》的有关规定，留有一定的防护间距，并有防火、防盗等安全设施，经过消防部门和其他管理部门验收。

（2）总平面布置应符合卫生和环境要求，既满足库房的通风、日照等，又要考虑环境绿化、文明生产，保证职工的身体健康。

二、汽车备件仓库的总体构成

（一）仓库结构分类

1. 平房仓库

一般构造简单，建筑费用低，适于人工操作。

2. 楼房仓库

是指二层楼以上的仓库，它可以减少占地面积，出入库作业则多采用机械化或半机械化作业。

3. 货架仓库

它采用钢结构货架储存货物，通过各种输送机、水平搬运车辆、叉车、堆垛机等进行机械化作业。按货架的层数又可分为低层货架仓库（货物堆放层数不大于10层）和高层货架仓库（货物堆放层数为10层以上）。

（二）仓库的空间布局

仓库的布局是指一个仓库的各个组成部分，如库房、货棚、货场、辅助建筑物、库内道路、附属固定设备等。在规定的范围内，进行平面和立体的全面合理安排。

（三）汽车备件仓库的构成

一个备件仓库通常由货架区（备件存储区）、卸货区和行政管理区三大部分组成，如图5-3所示。

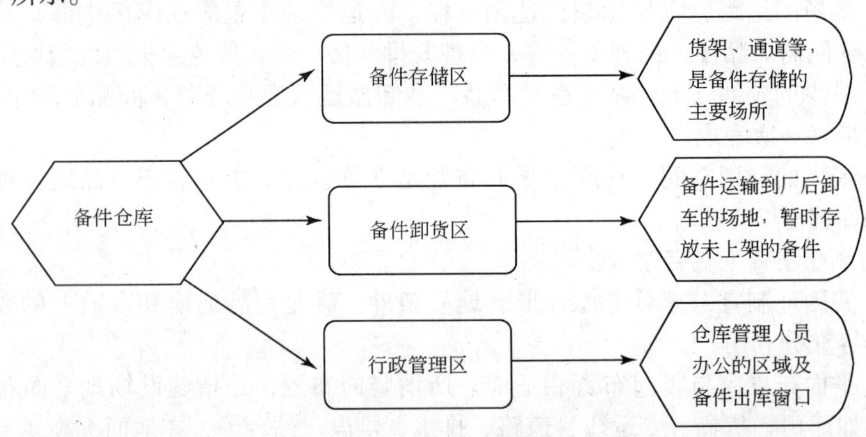

图5-3 汽车备件仓库结构

1. 备件存储区

备件存储区是仓库的主体部分，是汽车备件储存放置的主要场所，具体分为货架、主通道、货架间通道三部分。货架是汽车备件放置的基础设施，可存放商品，同时还起着备件的周转和调剂、出入库作业等作用。

仓库内至少设一个主通道（专运线），主通道能清楚地从一端看到另一端，主通道设置常用的两种形式，如图5-4所示，主通道主要是为了保证备件入库及出库顺序进行，应与库内其他道路相通，保证通畅。主通道的宽度必须能满足大件备件的运输，常以使用的平板手推车宽度作为参考，一般常用宽度为130cm，主通道必须可以容纳两辆平板手推车并行顺利通过，常选用的平板手推车如图5-5所示。

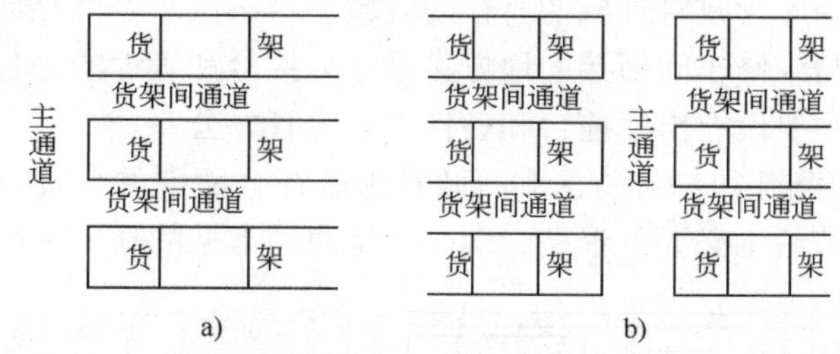

图5-4　主通道在仓库的两种布置形式

a）主通道一侧设置；b）主通道中间设置

平板手推车规格

载质量：150kg

净质量：8.47kg

实心轮：4"

产品尺寸：820mm×135mm×725mm×472mm

图5-5　平板手推车及规格

在货架之间要设有货架间通道，也称辅助通道。货架间通道必须满足两个条件：

①两人逆向通过通畅无阻碍。

②保证平板手推车的顺利通行。对于汽车备件仓库，货架间通道一般宽度为90cm。

2. 备件卸货区

备件卸货区（图5-6）是供备件运输车辆装卸备件的场地，为便于备件的入库，卸货区一般设在仓库大门的一侧，卸货区要求有一定大小的空间，用于备件卸货而未清点上架时暂时的堆放，其高度和宽度应根据运输工具和作业方式而定。

图5-6　备件卸货区

3. 行政管理区

行政管理区即仓库行政管理机构所在的区域。对于汽车备件存储仓库而言，行政管理区一般设在仓库与维修车间衔接的地方，是业务接洽和管理的办公区域及仓库对维修车间发货的窗口，主要设有出库前台和备件管理主管办公室。

货架区（备件存储区）、卸货区和行政管理区在仓库中的合理设计，能有效地利用空间位置，为企业节约不必要的浪费，图5-7是两种常见的仓库平面设计图。

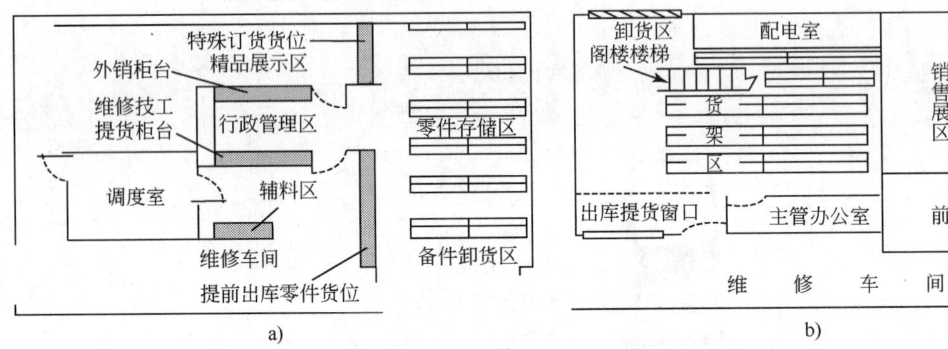

图5-7　两种常用仓库平面结构图

在仓库的空间布局上，备件存储区、行政管理区和通道空间的比例要合理。在比例的设置上，备件卸货区归属于空间通道。如图5-8所示，合理的空间比例分布，才能更有效地利用空间。

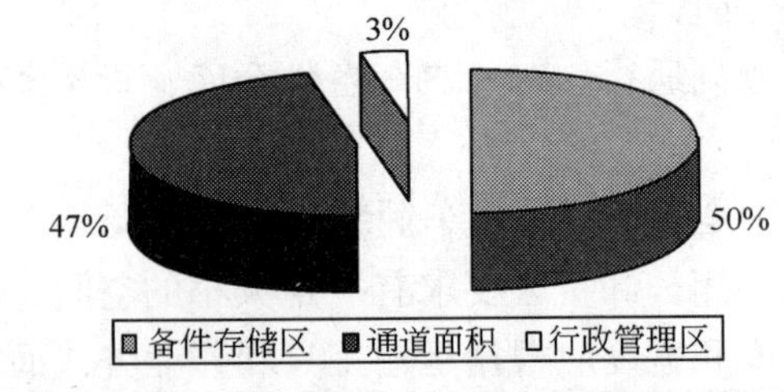

图5-8　仓库空间设计合理比例图

三、汽车备件存储货架介绍

1. 货架的作用

货架是专门用来存放汽车备件的保管设备。货架在仓库占有非常重要的地位，货架的作用及功能有如下几个方面：

（1）货架是一种架式结构物。可充分利用仓库空间利用率，扩大仓库储存能力。

（2）货架存储的货物，存取方便，便于清点及计量。

（3）保证存储备件的质量，可以采取防潮、防尘、防损等措施，以提高备件存储质量。

（4）货架的结构及功能有利于实现仓库的机械化及自动化管理。

货架在汽车备件仓储设备的总投资中所占比例较大，消耗钢材最多，对仓库的运作模式影响极大。因此合理选择相对设计经济的货架是很重要的。要在保证货架强度、刚度和整体稳定性的条件下，尽量减轻货架的重量，降低钢材消耗，降低货架对仓库地面承压能力的要求，满足仓储需要。

2. 货架系统的分类

货架的种类较多，分类的方法也不尽相同。

（1）按货架运动状态分类。

①固定型货架。固定型货架可细分为搁板式货架、托盘式货架、贯通式货架、重力式货架、压入式货架、阁楼式货架、钢结构平台、悬臂式货架、流动式货架、抽屉式货架、牛腿式货架等。

②移动型货架。移动型货架可细分为移动式货架和旋转式货架，其中移动式货架又可细分为轻中型移动式货架（又称密集架，分为手动和电动）、重型托盘式移动货架，旋转式货架又可细分为水平旋转式、垂直旋转式货架两种。

（2）按货架制作工艺方式分类。

①焊接式货架。

②组装式货架。目前国内大多使用组装式货架。

（3）按货架与建筑物的结构关系分类。

①库架合一式货架。货架系统和建筑物屋顶等构成一个不可分割的整体，由货架立柱直接支撑屋顶荷载，在两侧的柱子上安装建筑物的围护（墙体）结构。

②分离结构式货架。系统和建筑物为两个单独的系统，互相之间无直接连接。

（4）按单元货架每层载重量分类。

①轻型货架：每层载重量不大于200kg。

②中型货架：每层载重量为200～500kg。

③重型货架：每层载重量在500kg以上。

（5）按货架的高度分类。

①低位货架：高度5m以下。

②高位货架：高度5～12m。

③超高位货架：12m以上。

3. 各种货架系统的结构特点、应用范围

（1）搁板式货架（图5-9）。搁板式货架通常采用人工存取货方式，组装式结构，层间距均可调，货物也常为散件或不是很重的已包装物品（便于人工存取），货架高度通常在2.5m以下，否则人工难以触及（如辅以登高车则可设置在3m左右）。单元货架跨度（长度）不宜过长，单元货架深度（宽度）不宜过深，按其单元货架每层的载重量可分为轻、中、重型搁板式货架，层板主要为钢层板、木层板两种。

①轻型搁板式货架。单元货架每层载重量不大于200kg，总承载一般不大于2000kg。单元货架跨度通常不大于2m，深度不大于1m（多为0.6m以内），高度一般在3m以内，常见的为角钢式立柱货架结构，外观轻巧、漂亮，主要适用于存放轻、小物品。资金投入少，广泛用于电子、轻工、文教等行业。

图 5-9　搁板式货架

②中型搁板式货架。单元货架每层载重量一般在 200～800kg 之间，总承载一般不大于 5000kg。单元货架跨度通常不大于 2.6m，深度不大于 1m，高度一般在 3m 以内。如果单元货架跨度在 2m 以内，层载在 500kg 以内，通常选无梁式中型搁板式货架较为适宜；如果单元货架跨度在 2m 以上，则一般只能选有梁式中型搁板式货架。无梁式中型货架与有梁式中型货架相比，层间距可调余地更大，更稳固、漂亮，与环境的协调性更好，更适于一些洁净度要求较高的仓库；有梁式中型搁板式货架则工业化特点强一些，较适用于存放金属结构产品。中型搁板式货架应用广泛，适用于各行各业。这类货架在汽车备件存储的使用主要存在于专门的汽车配件销售商中。

③重型搁板式货架。单元货架每层载重通常在 500～1500kg 之间，单元货架跨度一般在 3m 以内，深度在 1.2m 以内，高度不限，且通常是与重型托盘式货架相结合、相并存，下面几层为搁板式，人工存取作业，高度在 2m 以上的部分通常为托盘式货架，使用叉车进行存取作业。主要用于一些既需要整托存取，又要零存零取的情况，在大型仓储式超市和物流中心较为多见。

（2）托盘式货架（图 5-10）。托盘式货架，又俗称横梁式货架，或称货位式货架，通常为重型货架，在国内的各种仓储货架系统中最为常见。首先须进行集装单元化工作，即将货物包装及其重量等特性进行组盘，确定托盘的类型、规格、尺寸，以及单托载重量和堆高（单托货物重量一般在 2000kg 以内），然后由此确定单元货架的跨度、深度、层间距，根据仓库屋架下沿的有效高度和叉车的最大叉高决定货架的高度。单元货架跨度一般在 4m 以内，深度在 1.5m 以内，低、高位仓库货架高度一般在 12m 以内，超高位仓库货架高度一般在 30m 以内（此类仓库基本均为自动化仓库，货架总高由若干段 12m 以内立柱构成）。

此类仓库中，低、高位仓库大多用前移式电瓶叉车、平衡重电瓶叉车、三向叉车进行存取作业，货架较矮时也可用电动堆高机，超高位仓库用堆垛机进行存取作业。此种

图 5-10　托盘式货架

货架系统空间利用率高，存取灵活方便，辅以计算机管理或控制，基本能达到现代化物流系统的要求。广泛应用于制造业、第三方物流和配送中心等领域，既适用于多品种小批量物品，又适用于少品种大批量物品。此类货架在高位仓库和超高位仓库中应用最多（自动化仓库中货架大多用此类货架）。

（3）贯通式货架（图 5-11）。贯通式货架又称通廊式货架、驶入式货架。此系统货架排布密集，空间利用率极高，几乎是托盘式货架的两倍，但货物必须是少品种大批量型，货物先进后出。

图 5-11　贯通式货架

首先须进行集装单元化工作，确定托盘的规格、载重量及货物堆码高度。由此确定单元货架的跨度、深度、层间距，根据仓库屋架下沿的有效高度确定货架的高度。

其次靠墙区域的货架总深度最好控制在6个托盘深度以内，中间区域可两边进出的货架区域总深度最好控制在12个托盘深度以内，以提高叉车存取的效率和可靠性（此类货架系统中，叉车为持续“高举高打”作业方式，叉车易晃动而撞到货架）。

此类仓储系统稳定性较弱，货架不宜过高，通常应控制在10m以内，且为了加强整个货架系统的稳定性，除规格、选型要大一些外，还须加设拉固装置。单托货物不宜过大、过重，通常重量控制在1500kg以内，托盘跨度不宜大于1.5m。常配叉车为前移式电瓶叉车或平衡重电瓶叉车。多用于乳品、饮料等食品行业，冷库中也较为多见。而汽车备件的储存种类繁多，在仓库中备件的流通主要以人工操作为主，所以这种货架结构形式不适宜于备件仓储货架的设计。

（4）重力式货架（图5-12）。重力式货架由托盘式货架演变而成，采用辊子式轨道或底轮式托盘，轨道呈一定坡度（3°左右），利用货物的自重，实现货物的先进先出，一边进另一边出，适用于大批量、同类货物的先进先出存储作业，空间利用率很高，尤其适用于有一定质保期、不宜长期积压的货物。货架总深度（导轨长度）不宜过大，否则不可利用的上下“死角”会较大，影响空间利用，且坡道加长，下滑的可控性会较差，下滑的冲力较大，易引起下滑不畅、阻住，托盘货物的倾翻。

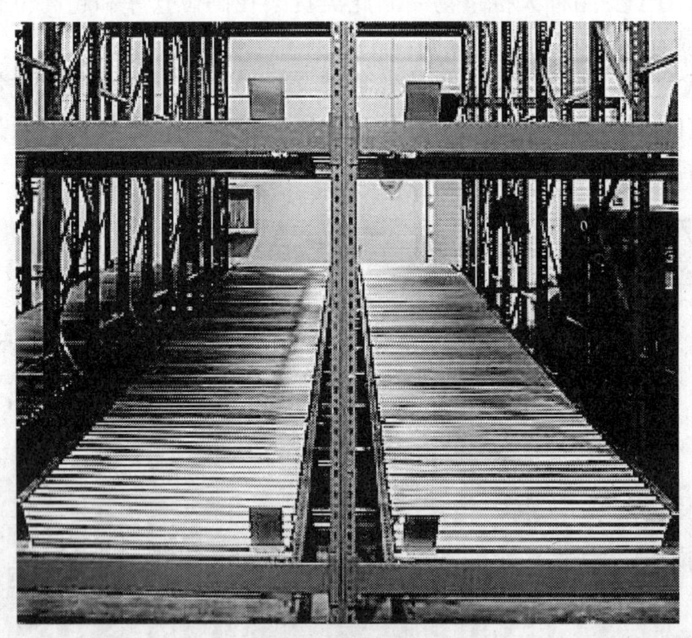

图5-12　重力式货架

为使下滑流畅，如坡道较长，应在中间加设阻尼装置，为使托盘货物下滑至最底端时不致因冲击力过大而倾翻，应在坡道最低处设缓冲装置，因此设计、制造、安装难度较大，成本较高。此类货架不宜过高，一般在6m以内，单托货物重量一般在1000kg以内，否则其可靠性和可操作性会降低。

此类货架系统目前在国内应用不是很多。

（5）压入式货架（图5-13）。压入式货架也由托盘式货架演变而成，采用轨道和托盘小车相结合的原理，轨道呈一定的坡度（30°左右），利用货物的自重，实现托盘货物的先进后出，同一边进同一边出，适用于大批量少品种的货物存储，空间利用率很高，存取也较灵活方便。货架总深度不宜过深，一般在5个托盘深度以内，否则由于托盘小车相互嵌入的缘故而会使空间牺牲较大。单托货物重量一般在1500kg以内，货架高度一般在6m以内。此类系统对货架的制造精度要求较高，托盘小车与导轨间的配合尤为重要，如制造、安装精度不高，极易导致货架系统的运行不畅。此类货架造价较高，在国内已有一定的应用。

图5-13　压入式货架

（6）阁楼式货架（图5-14）。阁楼式货架系统是在已有的工作场地或货架上建一个中间阁楼，以增加存储空间，可做二、三层阁楼，宜存取一些中小件货物，适于多品种大批量或多品种小批量货物，人工存取货物，货物通常由叉车、液压升降台或货梯送至二楼、三楼，再由轻型小车或液压托盘车送至某一位置。

此类系统，通常利用中型搁板式货架或重型搁板式货架作为主体和楼面板的支撑（根据单元货架的总载重量来决定选用何种货架），楼面板通常选用冷轧型钢楼板、花纹钢楼板或钢格栅楼板。近几年多使用冷轧型钢楼板，它具有承载能力强、整体性好、承载均匀性好、精度高、表面平整、易锁定等优势，有多种类型可选，并且易匹配照明系统，货物存取、管理均较为方便。单元货架每层载重量通常在500kg以内，楼层间距通常为2.2～2.7m，顶层货架高度一般为2m左右，充分考虑人机操作的便利性。

根据汽车备件仓储的特点需要，在空间结构上采用阁楼式货架结构，阁楼的楼梯位置设计应与备件卸货区连接，便于备件入库上架时的运输。可以选取中型货架（每层载重量为200～500kg）低位货架（高度5m以下）为主。为便于识别，对于货架的颜色主要以红色或蓝色为主。对于货架每层的高度与宽度，满足两个条件为前提：

①保证存储的备件入、出库的流通顺畅。

图 5-14　阁楼式货架

②与计划存放的备件尺寸相匹配。但在货架底层与地面之间要留有 10 ~ 15cm 的空间距离，保证在仓库日常管理时对货架底部进行清扫。

在货架的位置排列上，其货架间间距应按单元一中的尺寸要求进行设置，还要在通道顶部安装照明系统，以保证备件存取时的光线充足，避免因光射暗淡造成仓储日常运作时的不便利现象出现。

（7）挂件存放区（图 5-15）。对于某些备件，其形状在储存中因挤压易变形，或堆码存储不便于存取的特殊备件，其存储货架结构应特殊处理，一般采用特设挂件存放区，如密封胶条、软轴等特异形状备件。

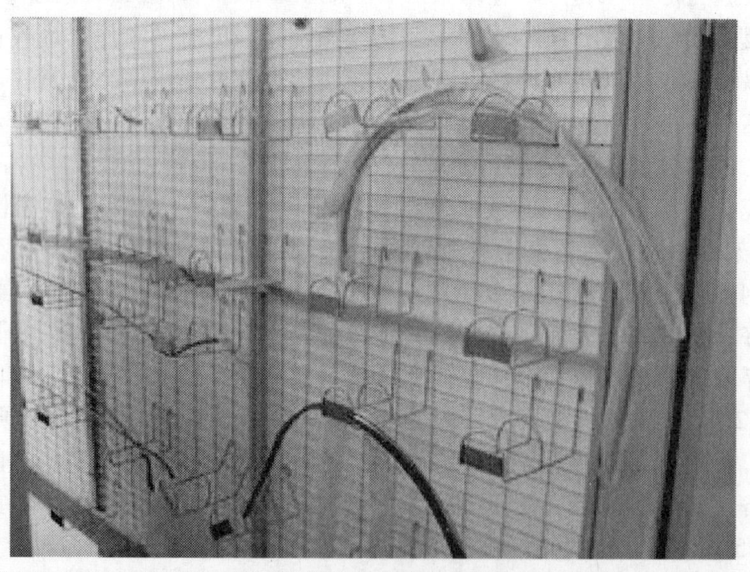

图 5-15　挂件存放区

（8）抽屉式货架（图5-16）。对于形状结构复杂，在堆码中占用空间较大，挤压又不易变形的较大型备件，对其存储货架可以特殊设计。如图5-16所示，采用抽屉式货架对排气管进行存储，在货架的底部设置抽屉式货架，增加了有效利用空间。

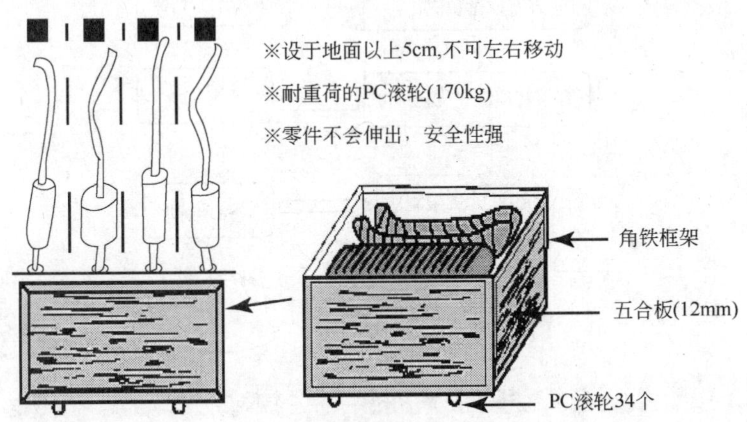

图5-16　抽屉式货架存储排气管

4. 货架数量确定的主要依据

（1）对主要维修服务车型在该地区的保有量的调查与发展预测。

（2）对本企业日平均维修车辆次的预测。

（3）对常规维修项目的预测。

（4）对企业发展的预测，在货架中留有增加库存件的空间，避免进行大规格仓储重新安排。

（5）对存储区进行货位设置时要设置特殊订货货位，存放顾客个人订货备件的存放。

对于（1）、（2）、（3）项的调查与预测，在任务二已经进行阐述，在此不再赘述。总而言之，货架数量主要由建库时大致需采购的备件种类、数量有关，备件初始采购的种类、数量主要来至对市场的充分调查与预测。

四、货架系统的选购流程

货架系统由需方提出设计要求，交由货架供应商进行具体设计、安装。需方对仓库货架系统的要求通常应包括：仓库平面图、单元（包装）货物的规格、特性、重量，单元托盘货物的规格、堆高及载重量，存取方式（人工存取、机械存取、自动化存取）和存取设备，储存量要求，进出库频率要求，管理系统要求，控制方式等。

明确了各种货架及其特点之后，就要根据具体的需求来选购货架，货架系统的选购流程如图5-17所示。在选购货架系统时，要注意两方面的细节：一要注意货架供应商的优选，参考多家供应商，在保证质量的前提下优选最适合的一家；二要对供应商的设计方案进行优化，从实用性和费用节约等方面综合考虑最佳方案。

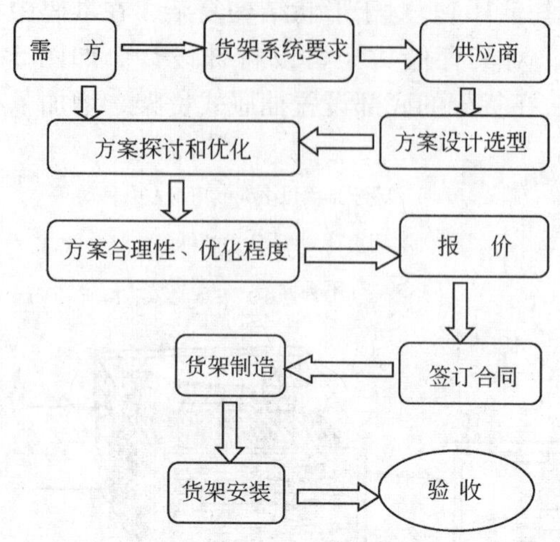

图 5-17　货架系统选购流程图

五、仓储安全规划

1. 库场消防

从仓库不安全的因素的危害程度来看，火灾造成的损失最大，它可以在很短的时间内，使整个仓库变成一片废墟，对国家财产和人民生命安全造成极大的损失。火灾的预防，是仓储安全中必不可少的，对于火灾要防患于未然。仓库必须认真贯彻“预防为主，防消结合”的消防方针，坚决执行《消防法》和公安部制定的《仓库防火安全管理规则》。仓库防火的要点主要如下：

（1）正确选用灭火器材。常用的灭火器有干粉灭火器、二氧化碳灭火器、卤代烷灭火器、泡沫灭火器和1211 灭火器。干粉灭火器不导电、不腐蚀、毒性低，可用于扑救易燃液体、有机溶剂、可燃气体和电气设备引起的初起火灾；二氧化碳灭火器不导电、不含水分、不污损仪器和设备，可用于扑灭贵重仪器、电气设备及其他忌水物资引起的初起火灾，但不能用于含碳商品的灭火，如木材、棉、毛、纸张。卤代烷灭火器不导电、不腐蚀、不污损仪器和设备；1211 灭火器主要用于扑救可燃气体、可燃液体、带电设备及一般物资引起的初起火灾；泡沫灭火器可导电，不能用于电器设备灭火，可用于扑救汽油、煤油等油类、香蕉水、松香水等易燃液体、木材及一般货物引起的初起火灾。

水是仓库消防的主要灭火剂。仓库中应有足以保证消防用水的给水、蓄水、泵水的设备以及水塔、消防供水管道、消防车等。备件仓库中合理设置消火栓，应保证在每一个可能着火点上，都能使用到水龙头来进行灭火。但不能用水对反应剧烈的化学危险品，如电石、金属钾、保险粉等进行灭火，也不能用于比水轻、不溶于水的易燃液体，如汽油、化清剂等物品的灭火。

砂土可用以扑救电气设备及液体燃料的初起火灾，也可用于扑灭酸碱性物质的火灾和过氧化剂及遇水燃烧的液体和化学危险品的火灾。因此，仓库中应备有砂箱。但须注意的是，爆炸性物品（如硫酸氨等）不可用砂土灭火，而应用冷却法灭火，可用用水浸湿的旧棉絮、旧麻袋，覆盖在燃烧物上。

（2）遵守《建筑设计防火规范》。新建的仓库要严格遵照《建筑设计防火规范》的规定，仓库的防火间距内不得堆放可燃物品。仓库应设有消防安全设施、消防通道、走道等，并要经常检查和清理，保持畅通。备件仓储仓库的消防器材主要是消防栓和灭火器，消防栓的位置设在备件卸货区的门外，能保证消防车辆的顺利驶入，而灭火器的放置位置要在不妨碍生产的情况下放在显眼、易取的地方。

（3）易燃、易爆的危险品仓库必须符合防火防爆要求。凡是有储存易燃、易爆物品的危险品仓库，进出的车辆和人员必须严禁携带烟火；储存危险品应专库专储，性能相抵触的商品必须严格分开储存和运输，在备件入库时，防止剧烈震动和撞击。

（4）电气设备应始终符合规范的要求。仓库中的电气设备不仅安装时要符合规定要求，而且要尽量避免绝缘损坏而造成短路，不应超负荷，不应使用不合规格的保险装置，应选用不会产生电火花的电器开关。在电路布线设计安装中，要使用绝缘的塑料线槽或管对线路进行绝缘保护，同时避免货架压碰线路，消除因电路线路短路而造成火灾的隐患。

2. 备件仓储中的防护措施

汽车备件种类繁多，由于使用的材料和制造的方法不同而各具特点，有的怕潮，有的怕阳光直射，有的怕压，所以在仓储设计时要充分考虑备件仓储的防护设计。备件仓储防护措施主要是防潮、防腐、防尘、防鼠和防盗。

（1）防潮。防潮主要的措施以通风为主，通风的方式可以分自然通风和强制通风两种，其目的主要是控制备件仓储中的湿度。自然通风主要是在仓库合理位置设置通风的窗户，但这种通风方式对于备件仓库的防潮不能达到理想效果，所以常会采用鼓风机（图5-18）配合窗户自然通风。

图5-18　鼓风机

另一种通风方式为强制通风，这种防潮方式通常用于仓库没有设置通风窗户的仓储设计，根据仓库的总体高度，采用强制通风风机结合通风管道进行自上而下的通风，达到控制仓库内的湿度的目的。在对仓库进行通风操纵时，要注意控制好通风的时间，准确地控制仓库中的湿度，避免因湿度控制失调而造成汽车仓储备件的损耗。

（2）防腐。防腐是保证汽车备件仓储质量的一项重要措施，汽车备件的防腐主要考虑两个方面，即湿度影响和日照影响。湿度的控制在防潮设计上得以解决，对于日照的影响，在设计仓库采光时，要避免阳光直接照射到储存的汽车备件上，所以采光口的设计要充分考虑四季阳光对仓库的照射位置，杜绝出现阳光直接照射到仓库内的备件。

（3）防尘。防尘主要措施是减少库房内灰尘的产生，对湿度进行合理的控制可减少粉尘的产生，而粉尘产生的源头主要是地面和库房围壁。对地面的处理主要是粉刷地板漆或镶瓷砖，避免在日常管理使用过程中因地面的磨损而产生大量的粉尘，库房围壁应采用成型的合成板材，对于墙壁面的粉刷应用乳胶漆，不能用石灰粉或腻子粉等容易产生粉尘的材料。

（4）防鼠。鼠患是仓储的一大危害，在仓库设计过程中要充分考虑鼠患的预防。在仓库设计中鼠患的预防主要从仓库的门、窗及通风管道入手，对于门的防鼠设置主要是严格控制门在关闭状态下的门缝间隙大小，使老鼠不能从门缝间隙进入仓库，而窗户及通风口要加装铁丝网，以切断老鼠进入仓库的路径。在备件仓储中要注意备件存放的条理性，避免存在死角，给老鼠以筑窝的便利。

（5）防盗。仓库的防盗设施大至围墙、大门、防盗门，小到门锁、窗。仓库应该根据法规规定和治安保管的需要设置和安装这些设施。仓库使用的防盗设备除了专职保安员的警械外，在设施设计上要用防盗门，窗户要加装防盗网，配套装配视频监控设备、自动警报设备、人工报警设备，仓库应按照规定合理利用配置的设备，专人负责操作和管理，确保其有效运作。

单元能力检测

做一做：

有一品牌车型新建一家4S店，用作仓库的库房面积为10m×25m，空间高度4m。试对仓库的备件卸货区、备件储存区、行政管理区、阁楼楼梯位置及主要通道的布置等总体结构设计出一份平面分布图。

单元三 仓位规划设计

单元要点

1. 备件仓储的仓位规划；
2. 料位码的编排。

相关知识

仓位是货物在仓库中存放的确切位置，便于迅速找到货料。汽车备件仓储，要进行合理的仓位设计，以便于提高备件出库的速度和规范备件仓储的日常管理。

一、仓位规划的原则

1. 料位码的概念

(1) 料位码是标明备件存放的准确位置的代码。

(2) 料位码是空间三维坐标的形象的表现。对于空间三维坐标，任何一组数字都可以找到唯一的一点与它相对应，也就是一点确定一个位置，一个位置只能存放一种备件。

2. 料位码编排依据

料位码的编排依据“三点系统”。

(1) “三点系统”是由仓库、车间和发料柜台构成的系统，是仓储平面布置的基本结构。

(2) “三点系统”的作用主要在于保证使用较少的人力资源，利用相对便捷的途径，获得较高的工作效率。

3. 备件存放及料位码编制原则

(1) 备件应存放于便于取放的位置。

(2) 如图 5-19 所示，流动量频繁的备件（常流动件）应存放在与发料窗口接近的位置，方便备件管理人员查找及获取，从而提高工作效率；而流动量相对比较缓慢的备件（慢流动件）存放在较后排的货架；在同一货架上，流动量频繁的备件存放在中间层，底层和顶层则存放流动量相对比较缓慢的备件。

(3) 质量重的备件存放在底层货架，体积大的车身塑料件存放在二层阁楼。

(4) 粗、重、长、大的备件，不宜存放在库房深处。

(5) 多从方便作业、提高工作效率角度考虑。如果零件存放在过高的地方，提取及上架时不得不使用梯子，就会造成作业不方便、效率低下。所以，应该将零件存放在手能达到的位置。

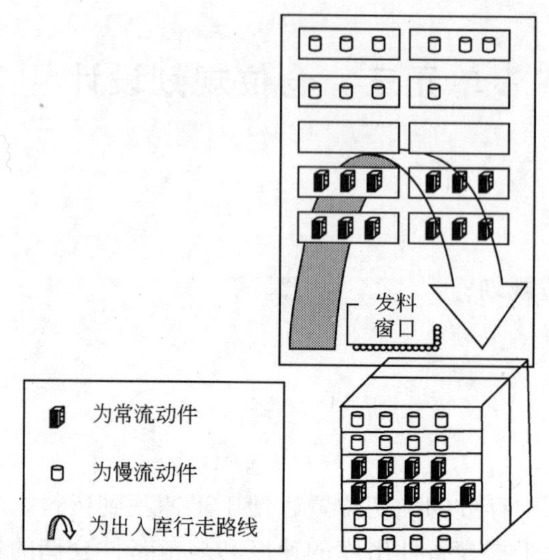

图5-19 丰田汽车公司4S店备件堆码示意图

二、料位码编制的具体步骤

备件料位码常为四位，主要根据“区、列、架、层”的原则进行编排，如图5-20所示。

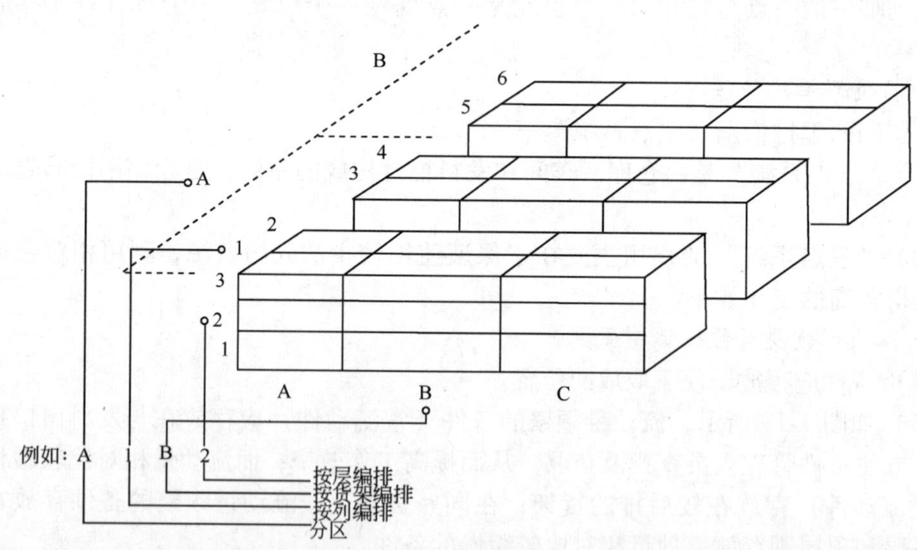

图5-20 料位码编排示意图

1. 按区分类

料位码的第一位是在仓库中的分区，常用英文字母A、B、C、D……表示，如5-21a）所示。也可以按大类分区，用一大类、二大类、三大类……表示，如5-21b）所示。

备件仓库中区的划分可根据以下几种形式进行划分：

a)

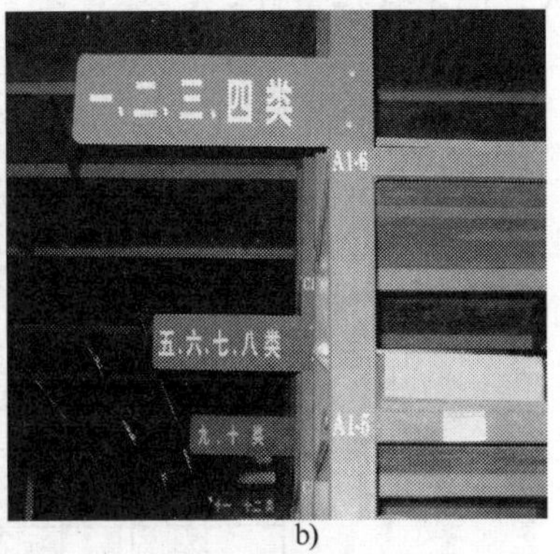

b)

图 5-21　备件仓库中区的划分

（1）综合维修企业可根据主要维修车辆品牌进行划分。

（2）4S 店可根据备件作用进行划分，即发动机区、电器区、钣金区、油类区等。

（3）4S 店也可按同一品牌的不同车型进行分区，如本田的飞度区、雅阁区、奥德赛区等。

（4）部分维修企业的分区可根据备件流通的速度来划分，如维护常用备件、发动机大修常用备件等。

分区应注意的事项有以下几个方面：

（1）按汽车备件性质和仓库设备安排分区。

（2）性质相近和有消费连带关系的备件，要尽量安排在同一区内一起储存。

（3）互相有影响，易混存的备件要隔离存放。

（4）消防方法不同的备件不得一起存放。

2. 按列编排

料位码第二位表示第几列货架，用阿拉伯数字 1、2、3……表示。

3. 按货架号编排

料位码的第三位表示每列货架的第几个货架号，可用 A、B、C……表示，在一些汽车 4S 店也常使用阿拉伯数字 1、2、3……或 01、02、03……来表示。

4. 按层编排

料位码的第四位表示每个货架的第几层，用阿拉伯数字 1、2、3……表示。

三、料位码编制说明

1. 料位码中的数字通过英文字母分开

当 26 个英文字母不够用时，可将 26 个英文字母排列组合，以增加表示的范围，如用 AB、AC、AD……来表示；同一通道或同一货架，两个相同字母组合（如 AA、BB……）不能使用，避免发生混淆。

2. 列号、货架号、层号的排序方法

（1）列号编排顺序。以仓库的发料柜台为三维坐标的原点，料位码的列号依次增大，便于查找备件。

（2）货架号编排顺序。

①从左到右法（图5-22）。

②环形法（图5-23）。

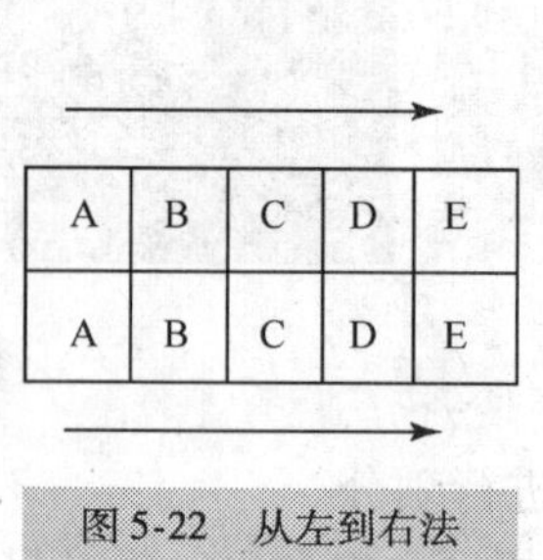

图5-22　从左到右法

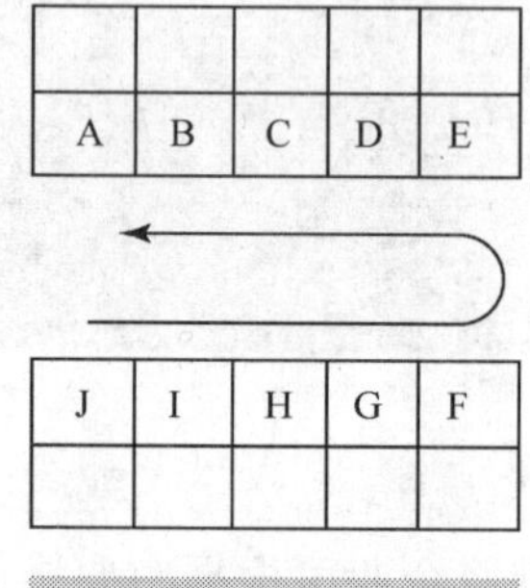

图5-23　环形法

（3）层号编排顺序。层号编排的顺序常用从上至下的方法进行编排，以货架顶层为“1”，往下依次增大，为确保备件仓储的货架通畅，货架层数最多设计为四层，对于尺寸较大的备件存放货架，货架的高度与宽度都适当加大，相应该货架的层数也会减少，如轮胎、大型钣金备件等。

3. 料位码的优化措施

料位码的编制要求准确细致，大件备件的料位码比较容易定位，但对于小型备件，如果在货架上直接堆码，易造成混乱，不利于仓储的管理，因此可采用以下方法，对其料位码进行精确定位。

（1）在地面上画出分区的位置线，如图5-24所示，增强视觉效果，在备件查找中快速对区进行定位，减少区位判断时间。

图5-24　分区区域线的划分

（2）列的划分可采用悬挂的细铁链分割不同货位，如图 5-25 所示，这样有利于在料位码编排时，对相近备件进行细致的划分，使备件的存储位置能更精确的定位，从而提高出入库管理的操作效率。

图 5-25　用悬挂的细铁链分割不同货位

（3）对于数量多，体积微小的备件，可将硬纸板做成“蜂窝”状，作为微小型备件的储存空间。如图 5-26 所示，在货位密布的货架中间层上，用醒目的颜色标注该层货签，使备件井然有序的存放于储物盒中，且一个零件一个号位，在出入库作业时，快速寻找恰当货位，提高工作效率，便于对仓储日常执行 5S 管理。

图 5-26　微小型备件存储

总之，备件存储中料位码的编制不是一成不变的，在基本原则的指导上，可根据自身企业特点和需求进行编制。例如，图 5-27 是丰田汽车公司的料位码编排示意图。料位码为 A03-01-04，具体表示为：

A——A 区；

03——A 区的第 03 列货架；

01——第 03 列货架的第 01 号货架，在此项号码的编排上，也可以使用字母表示；

04——由下向上数第 4 层。

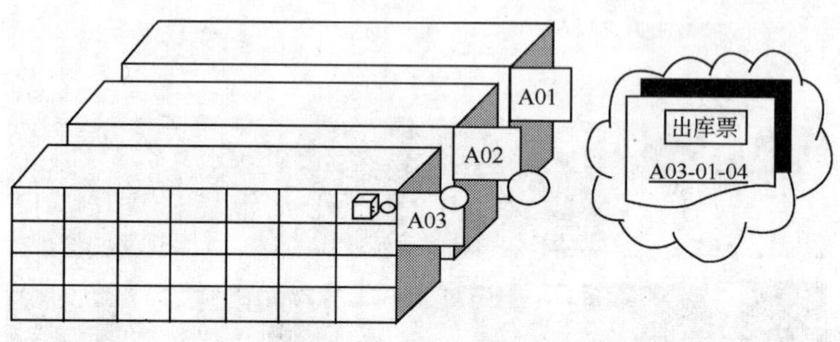

图 5-27　丰田汽车公司备件料位码示意图

这样，根据门市打出的出库票单，得到备件的料位码，就能准确无误地找到所需出库的备件。

四、料位码的读取

料位码的读取主要结合电脑操作系统完成，流程如图 5-28 所示。

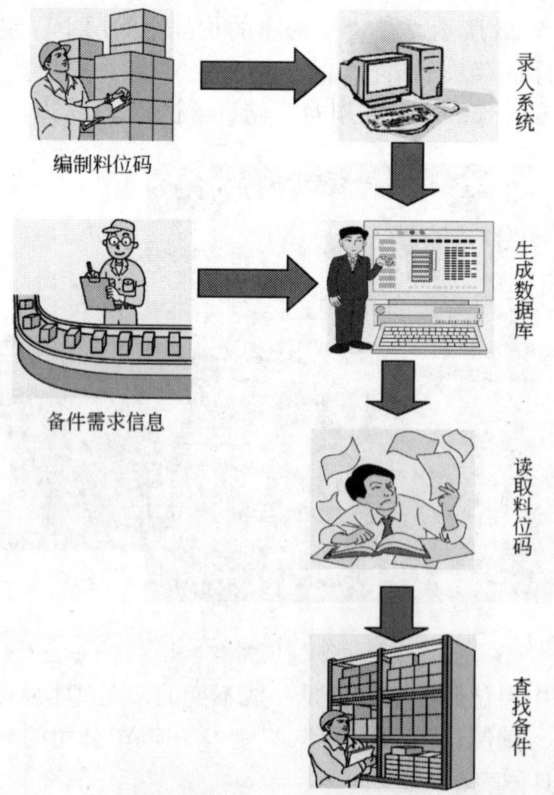

图 5-28　料位码读取流程图

单元能力检测

头脑风暴：

备件仓储中的料位码在编制时的主要依据是什么？

做一做：

现有一批汽车备件，主要有汽缸体、机油、制动片、车门总成、机油滤清器等，试对该批备件进行合理分类，并按单元二中设计的仓库设计图进行料位码的编排。

单元四 模拟训练

一、任务工单（表5-1）

任务工单 表5-1

<table>
<tr><td rowspan="2">任务编号：</td><td colspan="4" rowspan="2">任务名称：仓储设计</td><td>成绩</td><td></td></tr>
<tr><td>学时</td><td>120min</td></tr>
<tr><td>姓名</td><td></td><td>学号</td><td></td><td>班级</td><td>组别</td><td></td></tr>
<tr><td>能力目标</td><td colspan="6">1. 掌握仓储货架的摆放设计；
2. 能对备件在货架的放置位置进行设计；
3. 懂得备件料位码的编排；
4. 合理设计备件防火、防潮、防腐等相关安全措施；
5. 灵活运用团队协作资源</td></tr>
<tr><td>设备、工具准备</td><td colspan="6">液压举升机、诊断测试设备、电脑、车辆保护三件套、维修单据</td></tr>
<tr><td>任务要求</td><td colspan="6">模拟情景：某汽车维修企业有 $250m^2$ 的面积用作备件仓库，根据车型的种类、保有量及作用（即发动机区、电器区、钣金区、油类区等），按备件仓库设计的规范要求，对仓库进行总体设计
任务：模拟设计备件仓储的结构平面图，并对备件的仓储编排出相关的料位码</td></tr>
<tr><td rowspan="22">任务要点与操作</td><td colspan="4" rowspan="2">任务标准</td><td colspan="2">完成情况</td></tr>
<tr><td>能够做到</td><td>有待改进</td></tr>
<tr><td colspan="6">能力要点</td></tr>
<tr><td colspan="4">1. 相关资料的运用能力</td><td></td><td></td></tr>
<tr><td colspan="4">2. 人际关系沟通能力</td><td></td><td></td></tr>
<tr><td colspan="4">3. 综合资源利用能力</td><td></td><td></td></tr>
<tr><td colspan="4">4. 仓储空间设计</td><td></td><td></td></tr>
<tr><td colspan="4">5. 料位码的正确编制</td><td></td><td></td></tr>
<tr><td colspan="4">6. 团队协作</td><td></td><td></td></tr>
<tr><td colspan="4">7. 任务结果评价</td><td></td><td></td></tr>
<tr><td colspan="4">8. 归纳</td><td></td><td></td></tr>
<tr><td colspan="6">工作程序</td></tr>
<tr><td colspan="4">1. 主要服务车型的市场调查</td><td></td><td></td></tr>
<tr><td colspan="4">2. 新建库需要采购备件数量的大致确定</td><td></td><td></td></tr>
<tr><td colspan="4">3. 对建库场地的分析</td><td></td><td></td></tr>
<tr><td colspan="4">4. 仓库平面布置的初步设想</td><td></td><td></td></tr>
<tr><td colspan="4">5. 对备件仓储空间进行设计</td><td></td><td></td></tr>
<tr><td colspan="4">6. 确定备件的仓储具体分布</td><td></td><td></td></tr>
<tr><td colspan="4">7. 编制合理的备件料位码</td><td></td><td></td></tr>
<tr><td colspan="4">8. 任务实施过程总结归纳</td><td></td><td></td></tr>
<tr><td colspan="4">9. 自我评价任务完成情况</td><td></td><td></td></tr>
</table>

续上表

考核结果	能力要点	A	B	C	D
	任务实施过程	A	B	C	D
	任务实施结果	A	B	C	D
	团队协作	A	B	C	D

二、任务指导要点

（1）在下达任务时，要求学生正确分析任务的具体需求信息，并根据任务实施的流程制订完成任务的相关工作计划。

（2）在实施任务时，应指导学生学会通过收集必要的信息来帮助任务的完成，采用集中课堂指导和个人独立学习的形式进行相关知识的学习。

（3）在学生模拟训练时，应注意强调准确、高效的完成模拟任务。

（4）任务实施过程中既要有统一的一面，也要给学生进行个性发挥的空间。

三、重 点 环 节

（一）主要知识点

（1）相关信息的市场调查。

（2）备件仓储的总体布局设计。

（3）料位码的正确编制。

（二）操作关键点

（1）调查结果与实际场地的结合分析。

（2）仓储总体结构设计。

（3）仓储料位码编制。

（三）仿真演练

（1）按照某汽车维修企业建库流程进行备件仓储设计。

（2）观摩其他同学、讨论在仿真过程中不符合要求的地方，并能给出改进的建议。

（3）从实践的过程中对流程的合理性和必要性提出自己的见解。

评 价 反 馈

1. 自我评价

（1）通过本学习任务的学习你认为自己是否已经掌握了相关知识并形成基本接待能力：

①是否能够运用相关知识对汽车维修市场进行合理的调查与预测？

____________________________________。

②是否在给定场地对备件仓储进行合理的空间结构设计？

____________________________________。

③是否能正确编制备件料位码？

____________________________________。

（2）在备件仓储设计的过程中用到了哪些技能？你是否已经掌握了在工作中运用这些技能的正确方法？

____________________________________。

（3）模拟任务过程完成情况如何？

____________________________________。

（4）你在任务实施过程中与队友间的合作如何？

____________________________________。

（5）能否积极主动参与工作现场的清理、清洁和整顿工作？

____________________________________。

（6）在完成本学习任务的过程中，你和同学之间的协调能力是否得到了提升？是否与其他同学探讨过任务实施过程中的有关问题？讨论的最多的问题是什么？讨论的结果是什么？

____

____

____。

(7) 通过本学习任务的学习，你认为对于汽车备件管理岗位，自己在哪些方面还需要深化学习并提升岗位能力，如何提高？

____

____

____。

签名：__________　______年______月______日

2. 小组评价

小组评价见表5-2。

小 组 评 价　　表5-2

序号	评 价 项 目	评 价 情 况
1	学习过程是否主动并能深度投入	
2	在实训过程中的执行力是否突出	
3	是否能按照职业人的要求对待到课率	
4	任务实施流程是否符合要求	
5	是否合理规范地使用实训设备	
6	是否按照安全和规范的要求完成作业	
7	是否遵守实训场地的规章制度	
8	在实训中是否能主动地和其他人合作	
9	是否能按要求对实训场地进行清理、清洁	
10	在团队活动中是否能做到相互尊重	

参与评价的同学签名：____________________　______年______月______日

3. 教师评价

____

____。

教师签名：__________　______年______月______日

参考文献

[1] 窦志铭．物流商品养护［M］．北京：人民交通出版社，2001.

[2] 张国方，朱杰．汽车配件销售员培训教程［M］．北京：人民交通出版社，2001.

[3] 杨明刚．市场营销策划［M］．北京：高等教育出版社，2002.

[4] 王蓓彬．现代仓储管理［M］．北京：人民交通出版社，2003.

[5] 吴忠平．现代企业管理［M］．北京：机械工业出版社，2003.

[6] 梁军．仓储管理实务［M］．北京：高等教育出版社，2003.

[7] 俞仲文，陈代芬．物流配送技术与实务［M］．北京：人民交通出版社，2003.

[8] 李永生，郑文岭．仓储与配送管理［M］．北京：机械工业出版社，2004.

[9] 宋玉．仓储实务［M］．北京：对外经济贸易大学出版社，2005.

[10] 周万森．仓储与配送管理［M］．北京：北京大学出版社，2005.

[11] 孙凤英，袁俊奇．汽车及配件营销［M］．北京：机械工业出版社，2005.

[12] 熊伟，霍佳震．采购与仓储管理［M］．北京：高等教育出版社，2006.

[13] 黄炳华．汽车配件管理与营销［M］．广州：华南理工大学出版社，2006.

[14] 宋润生．汽车营销基础与实务［M］．广州：华南理工大学出版社，2007.

[15] 张煜．汽车及配件营销［M］．北京：北京理工大学出版社，2007.

[16] 杜艳霞，李祥峰．汽车及配件营销实务［M］．北京：科学出版社，2007.

[17] 宓亚光．汽车配件经营与管理［M］．北京：机械工业出版社，2008.

[18] 金加龙．汽车维修业务接待［M］．北京：电子工业出版社，2008.